ヴェルサイユの祝祭

太陽王のバレエとオペラ

Akiko KOANA

小穴晶子

Fêtes à Versailles

Ballet et Opéra du Roi Soleil

春秋社

1アンリ・ギセイ〈太陽王アポロンに扮したルイ 14 世〉(1654 年頃)

2〈演劇衣装を着た太陽王、カルーゼルのルイ 14 世〉(1654年頃)　ニューヨーク公共図書館蔵

3アンリ・ギセイ〈バッキュスの祭りのバレエ〉の衣装 より「ミューズ」(左)「ティタン(巨人)」(右)
Source gallica.bnf.fr / Bibliothèque nationale de France

④ピエール・パテル〈ヴェルサイユ宮殿〉（1668年）フランス歴史博物館蔵

⑤コメディ・バレ〈エリード姫〉のイスラエル・シルヴェストルによる銅版画（1674年）
© Victoria and Albert Museum, London

⑥ニコラ・プッサン〈オルフェウスとエウリュディケのいる風景〉(1649–51 年)
ルーヴル美術館蔵

⑦ニコラ・プッサン〈ルノーとアルミード〉(1630 年頃)
ダリッジ・ピクチャー・ギャラリー蔵

はじめに

〈魔法の島の喜び〉

〈魔法の島の喜び（*Les Plaisirs de L'Ile enchantée*）〉は、ヴェルサイユ宮殿でおこなわれた最初の祝祭の名称である。一六六一年に宰相のジュール・マザラン（一六〇二〜六一）が死去して、親政を始めたルイ十四世（一六三八〜一七一五、在位一六四三〜一七一五）は、ヴェルサイユに新宮殿の建造を開始した。それから三年、一六六四年の五月、完成には程遠いヴェルサイユで、造営の進捗を待ちきれないかのように開催されたのがこの祝祭である。

この催しの素材は、ルドヴィーコ・アリオスト（一四七四〜一五三三）の『狂えるオルランド』（一五一六）に登場する魔女、アルシーヌ（アルチーナ［伊］）から取られている。アルシーヌの魔法の島をヴェルサイユに出現させるという発想である。

この祝祭は五月七日から始まり、約一週間続いた大規模なものである。この祝祭については、演奏された曲（リュリ作曲）の楽譜や上演されたコメディ・バレエ〈エリード姫〉（モリエール作）を含めた「報告書」が出版されている。それによれば、五月七日に祝祭が開始される二日前、五月五日にはパリの宮廷がそのままヴェルサイユに移動し、五月十四日まで滞在した。その人数は六百人以上になった。それに加えて、ダンス、コメディ、その他の、祝祭を実行するのに必要な職人たちもパリからやってきて、まるで、小軍隊のようであったという。

中心を占めるのは最初の三日間の催しである。

一日目は、魔女アルシーヌの主催する騎馬パレードである。王は『狂えるオルランド』に登場する英雄ロジェ（ルッジェーロ［伊］）に扮して馬に乗って登場する。これに続いて多くの貴族たちが騎士となって登場し、パレードを繰り広げる。そのあとに、ギリシア・ローマ神話に則って、世界の始まりの時に出現した四つの時代、青銅の時代、銀の時代、金の時代、鉄の時代が順番に現れてアポロンと対話する朗唱（レシ）の部分が続く。このレシのあとに序曲が演奏され、それに続いて十二宮、四季、ディアーヌ、パン（半獣神）が登場してバレエを踊る。その間に、豪華な宴会の準備が進められ、この宴会で一日目の催しが終了する。

二日目は、モリエール（一六二二〜七三）作のコメディ・バレエ〈エリード姫〉の上演である。この上演も魔女アルシーヌが皆を喜ばすために主催したことになっている。この作品は、一六六一年の〈はた迷惑な人たち〉、一六六四年一月の〈強制結婚〉に続いて、喜劇に音楽やバレエを組み込んだコメディ・バレエというジャンルの三作目である。全五幕で、幕間劇が六つあるのでかなり大掛かりなコメディ・バレエといえるであろう。エリード国王は娘の結婚相手の候補としてユリヤール、アリストメーヌ、テオクルという三人の王子を呼び寄せた。エリード姫とユリヤールはお互いに好きになるのだがなかなか本心が伝わらず、最後にお互いの本心がわかって結婚するという結末である。

三日目は、庭にある大きな丸い池に作られたアルシーヌの魔法の島が舞台である。アルシーヌとその従者の水の精のセリーとディルセが登場して、三人の間で朗唱（レシ）が交わされたあとにバレエが繰り広げられる。第一舞曲は、四人の巨人と四人の小人の踊り、第二舞曲は、八人のムーア人の踊り、第三舞曲は六人の騎士と六人の怪物の踊り、第四舞曲は敏捷な悪鬼たちの踊り、第五舞曲は飛び跳ねる別の悪鬼たちの踊り、最後の第六舞曲はアルシーヌ、メリッス（メリッサ［伊］）、ロジェ、騎士たちの踊りである。

最後に、善き魔女メリッスが魔法の指輪を使ってロジェを開放すると、アルシーヌの魔法の宮殿が消え去り、そのあとに盛大な花火の打ち上げがおこなわれて祝祭が終了する。

以上が〈魔法の島の喜び〉の概要であるが、ルイ十四世は、まだ十分に準備が整ってないヴェルサイユ宮殿をなぜ祝祭の場として選んだのか。前述の「報告書」には興味深いことが書かれている。パリから離れて、豊かな自然（la Nature）に恵まれた、田舎の別荘（une maison de campagne）の雰囲気を楽しんでもらいたいと思ったというのである。しかし、当時、この種の祝祭のできる離宮は、サン＝ジェルマン＝アン＝レ、シャンボール、フォンテーヌブローなど、他にもあったはずである。なぜ、ヴェルサイユなのか。

この問題を考えるための重要なヒントがそのあとに記されている。「魔法の宮殿（Palais Enchanté）」という言葉である。「ヴェルサイユは魔法の宮殿と名づけることのできる城である。人の技術による調節が自然のはからいをうまく助けてこの宮殿を完全なものにしている。この宮殿はあらゆる方法で人を魅了する……」。つまり、「魔法の島の喜び」と名づけた祝祭をおこなうことによってヴェルサイユ宮殿を魔法の宮殿としてデビューさせることが重要な目的だったのである。

ヴェルサイユ宮殿に対するルイ十四世の執着は強いものであった。一六八二年、ヴェルサイユは依然として未完成であったが、王はここに宮廷全体を移した。その後、ヴェルサイユがフランスの政治の中心となった。〈魔法の島の喜び〉の祝祭のために六百人以上の人をヴェルサイユに滞在させ、宮廷全体を移動させたと記されているが、これはまさに十八年後の宮廷の完全な移動を先取りするものであったであろう。宮廷の移されたヴェルサイユ宮そのもののシンメトリックな構造がルイ十四世のめざした国家の秩序を示していたのである。

しかし、シンメトリックな構造だけでは足りない。この宮殿は人々を魅了する「魔法の宮殿」でなくてはならなかった。支配者は魅了しなくてはならない。魅了することは、秩序の完成にとって不可欠である。或る秩序は、その秩序の成員全員がそこにいることに喜びを感じている時に確実なものとなる。そうなれば、だれもその秩序を壊そうとしないからである。喜びを与える魔術には歌が必要である。呪文は語られるのではなく唱えられる。フランス語の「enchanter（魔法にかける、魅惑する）」という単語の中には「chanter（歌う）」という単語が入っている。どのような音楽が奏でられるべきなのか。それが、魔法の城ヴェルサイユの完成にとって重要な課題であった。

フランス・バロック・オペラの形成過程は、この課題をめぐっての様々な模索であったといえるであろう。その道のりは簡単なものではなく、紆余曲折があった。これから、その形成過程について語ってゆくことにしたい。道案内人は、最終的に「王立音楽アカデミー」の音楽監督に就任し、オペラ上演の独占権を獲得した作曲家、ジャン＝バティスト・リュリに（一六三二〜八七）お願いすることにしよう。

ジャン＝バティスト・リュリ

ヴェルサイユの祝祭　太陽王のバレエとオペラ　目次

第1章　バロック・オペラの下地

第2章 フランス・オペラの確立

第3章　バロック音楽の特徴を楕円のイメージで探る

凡例

・〈　〉は音楽作品（オペラ、宮廷バレエ、宮廷歌謡、コメディ・バレエなど）と絵画作品のタイトルに用いた。
・「　」は演劇作品　ギリシア悲劇、音楽を伴わない演劇に用いた。
・『　』は文学作品、および書籍のタイトルに用いた。

略記

[伊]：イタリア語
[英]：英語
[ギ]：ギリシア語
[独]：ドイツ語
[仏]：フランス語
[ラ]：ラテン語
Bib：アポロドーロス（1953）『ギリシア神話』
Luk：ルカによる福音書
Mar：マルコによる福音書
Mat：マタイによる福音書
Met I：オウィディウス（1981）『変身物語』上巻
Met II：オウィディウス（1984）『変身物語』下巻
Sa：サムエル記

Fêtes à Versailles
Ballet et Opéra du Roi Soleil

ヴェルサイユの祝祭

太陽王のバレエとオペラ

序　フランス・バロック・オペラの成立をめぐって

パリの南西二十二キロメートルに位置するヴェルサイユ宮殿は世界遺産に登録され、世界各地から多くの観光客が訪れる。フランス・バロック音楽はヴェルサイユを舞台として繰り広げられた優雅な宮廷音楽である。中でも、オペラは重要な位置を占め、太陽王ルイ十四世の芸術奨励政策のもと、フランス・オペラが形成された。このフランス・オペラ形成の立役者となったのがリュリである。リュリはイタリアのフィレンツェで生まれた。イタリア出身のリュリがフランス・オペラを確立したと聞いていぶかるひともいるかも知れないが、これにはいくつかの必然と偶然の物語がある。フィレンツェはバロック・オペラ誕生の地である。一六〇〇年頃、フィレンツェの文化人グループの「カメラータ（仲間たちの意）」によって、古代ギリシアの悲劇を再生させようという目標のもとに創られたのがバロック・オペラであった。これによって、それまでのルネサンス音楽とは異なったバロック音楽の時代が始まる。イタリアの領主たちの祝祭のイヴェントを飾るものとしてオペラが上演され、次第にヨーロッパ全体に広まってゆく。

のちにフランスに渡って名声を得てから、リュリは自分がフィレンツェの貴族の出であると自称していたが、実際はそうではなかった。彼は粉屋を営む家に生まれた。しかし、子どものころから家業を継ぐ意思はなく、ほとんど独学でギターやヴァイオリンの奏法を習得した。将来の夢は歌って踊れる喜劇役者であった。

リュリに第一の転機が訪れたのは十四歳のときである。ルイ十四世の従姉妹(ルイ十三世(一六〇一〜四三、在位一六一〇〜四三)の弟、オルレアン公ガストン(一六〇八〜六〇)の娘)で「大姫君(la Grande Mademoiselle)」(一六二七〜九三)と呼ばれた音楽好きの姫君がいた。その姫君の母方のおじ、ロジェ・ド・ロレーヌ(一六二四〜五三)がフィレンツェを訪れたのは一六四六年のカーニヴァルの頃である。野外舞台で道化役を演じていたリュリを一目見て、ロジェ・ド・ロレーヌはリュリをフランスに連れてゆくことに決めた。姪の「大姫君」から、イタリア語の会話の相手になるような召使を見つけて連れてきてほしいと頼まれていたからである。運よくフランスに渡り「大姫君」の召使となったリュリはこの宮仕えの間に多くを学んだ。宰相マザランの招聘によってパリでイタリア・オペラが上演されたときには、リハーサルを聴く許可を得て熱心に耳を傾け、また、「大姫君」のサロンでは当時人気のあった宮廷歌謡を聴く機会があった。

第二の転機はフロンドの乱によって訪れた。乱がルイ十四世によって鎮圧されると、王権に反対する側についた「大姫君」は田舎に追放される。「大姫君」の時代が終わったことを感じ取ったリュリは、自ら暇乞いを請うてパリに向かった。パリではフロンドの乱の鎮圧を祝っておこなわれる祝祭の宮廷バレエ〈夜のバレエ〉上演のプロジェクトが進行中であった。首尾よくそのプロジェクトに参加することのできたリュリは王の音楽家として活躍する機会を得る。モリエール（一六二二〜七三）との共作によるコメディ・バレエの作曲もこの時代である。

第三の転機は「王立音楽アカデミー」の音楽監督就任である。「王立音楽アカデミー」はフランス・オペラ（フランス語の台本に最初から最後まで一貫して音楽がつけられた音楽劇）をパリで上演することを目的とした組織である。ところが、一六六九年六月に「オペラ・アカデミー」設立の特許状が王から下されて音楽監督になったのはリュリではなかった。詩人、ピエール・ペラン（一六二〇頃〜七五）である。ペランは、友人の作曲家、ロベール・カンベール（一六二七頃〜七七）と組み、オペラ〈ポモーヌ〉の上演にまでこぎつけた。オペラの評判は良かったものの、経済的な破綻を招いたペランにリュリが大金を払って特許を買い取るという形をとって、改めて特許状がリュリに下されたのは一六七二年の三月であった。そのごのオペラの上演は順調に進み、台本作家フィリップ・キノー（一六三五〜八八）と組んでリュリは没年の前年一六八六年に至るまで、ほぼ一年に一作のペースでオペラを作曲し上演している。

リュリの一生はフランス・バロック・オペラの形成を体現している。イタリア・オペラ、宮廷歌謡、宮廷バレエ、コメディ・バレエ、これらの要素の巧みな統合にフランス・バロック・オペラの世界がある。

第1章 バロック・オペラの下地

1　フィレンツェにおけるイタリア・オペラの誕生

オペラの誕生

フランス・バロック・オペラを確立したリュリがイタリアのフィレンツェ出身であったことは偶然ではないだろう。フィレンツェは、バロック時代の幕開けを告げるオペラ創作の始まりとなった都市である。バロック・オペラの創作は、古代ギリシアの音楽劇の再興という目標のもとに、ジョヴァンニ・デ・バルディ（一五三四～一六一二）をリーダーとする「カメラータ」と呼ばれる文化人グループを母体としておこなわれた。「カメラータ」は「同志」という意味である。当時は、トスカーナ大公国の繁栄の最後の時期であり、公国の威厳を示すための様々な祝祭がおこなわれていた。このような祝祭の催し物を提供する役割を担った文化人集団として公的、私的ないくつかのグループがあった。カメラータはその私的なグループのうちの一つである。この母体の中から生み出されたのが、完全な形で現存する最古のオペラといわれる、オッターヴィオ・リヌッチーニ（一五六二〜一六二一）の台本、ヤコポ・ペーリ（一五六一〜一六三三）作曲の〈エウリディーチェ〉（一六〇〇）である。このオペラの上演された祝祭は、当時のフィレンツェのメディチ家とフランスの緊密な関係を示している。台本のすべてに一貫して音楽のつけられた新しい様式の音楽劇オペラは、一六〇〇年十月にフランスのアンリ四世（一五五三〜一六一〇、在位一五八九〜一六一〇）とマリー・ド・メディシス（マリーア・デ・メディチ）（一五七三〜一六四二）の結婚の祝祭の中心的な出し物となったのである。この結婚はスペインの勢力を牽制してフランスに近づくというメディチ家の政策の一環であり、その成功を誇示するのが祝祭の目的であった。この結婚によってマリー・ド・メディシスはのちのルイ十三世の母となる。ルイ十三世はスペイン王フェリペ三世（一五七八〜一六二一、在位一五九八〜一六二一）の娘、アンヌ・ドートリッシュ（一六〇一〜六六）と結婚し、この結婚によって生まれたのがルイ十四世である。さらに、ルイ十四世はスペイン王フェリペ四世（一六〇五〜六五、在位一六二一〜六五）の娘であるマリー・テレーズ・ドートリッシュ（一六三八〜八三）と結婚している。このような政略結婚の結果、王家では様々な地域の人々の血が混ざりあうことになる。ある国の文化というようなテーマで考察しようとすると、純粋培養された固定的なものを想定しがちなのであるが、実は、様々な文化の融合や反発という大きな流れの中にあることは心にとめておいてよいであろう。

ギリシア神話とローマ神話

これから本書全体を通じていろいろなオペラについて述べることになるが、オペラの題材の多くはギリシア・ローマ神話からとられている。ギリシア・ローマ神話はオペラのみならず、絵画のテーマとしてもしばしば出てくるので、西洋の芸術を鑑賞するためには、それら神話についての基本的な知識をもっておくことが必要である。

複雑なのはギリシア神話とローマ神話の関係である。ギリシア神話は古代のギリシアで形成され伝承されて、ローマ人はそれを継承しつつ以前からあったローマの神話とギリシア神話を組み合わせて神話（ローマ神話）を形成した。日本の歴史においても神仏習合がおこなわれたが、ヨーロッパの歴史においてもギリシアとローマの神々が習合されたのである。よって、ギリシア神話とローマ神話は重なる部分が多いが、少し異なることもある、という関係になっている。ローマ神話には含まれるが、ギリシア神話には含まれない話の例もある。さらに、問題を複雑にしているのは、同じ神とみなされているのにギリシア神話とローマ神話では異なる名前で呼ばれているものも多いということである。例えば、ギリシア神話の「ゼウス」はローマ神話では「ユピテル」と呼ばれる。「ゼウス」の妻「ヘラ」はローマでは「ユノ」である。以後、慣例によって一般的と思われる表記を示し、そのあとに必要と思われる場合には異名を補う。例えば、ディアナ（アルテミス［ギ］）のようになる。オペラの説明では、登場人物名をその作品の原語の読み方で示し、そのあとにギリシア語名やラテン語名を補う。例えば、オルフェオ（オルフェウス［ギ］）、エウリディーチェ（エウリュディケ［ギ］）のように表記する。

モンテヴェルディの〈オルフェオ〉

メディチ家の祝祭を飾ったペーリ作曲の〈エウリディーチェ〉に対抗して、一六〇七年に上演されたのが、アレッサンドロ・ストリッジョ（息子）（一五七三頃～一六三〇）の台本、クラウディオ・モンテヴェルディ（一五六七～一六四三）作曲の〈オルフェオ〉である。当時、モンテヴェルディの仕えていたマントヴァのゴンザーガ家の祝祭で上演されている。このオペラも、メディチ家とゴンザーガ家の勢力争いという政治的な問題と関わっている。メディチ家で上演されたものと同じような新しいオペラをゴンザーガ家でも上演できることを示して自らの力を誇示するわけである。二月の謝肉祭の出し物として上演されたと考えられている。王家の主催する祝祭として、謝肉祭は重要な意味をもっていた。謝肉祭の問題は、あとでルイ十四世と宮廷バレエについて述べるところで重要なポイントとなる。さて、モンテヴェルディの〈オルフェオ〉は、オペラ創設当時の作品のなかで現在も上演される最も有名な作品の一つであるので、少し詳しく見てゆこう。

タイトルは〈オルフェオ〉であるが、ペーリの〈エウリディーチェ〉と同じ題材を扱っている。

題材は、ギリシア神話のオルフェウスとエウリュディケの物語である。オウィディウス（前四三〜後一七／一八）の『変身物語』の物語の筋を要約する。オルフェウスは音楽の名手であり竪琴を自由にあやつる。エウリュディケと恋をして結婚することになるが、エウリュディケは蛇にかまれて死んでしまう。悲しんだオルフェウスはエウリュディケを連れ戻そうと黄泉の国にくだる。黄泉の国の王と王妃ペルセポネを音楽の力で魅了して、エウリュディケを連れ戻す許可を得て、決して後ろを振り返ってはいけないという条件のもと、連れて帰ることになる。しかし、不安になったエウリュディケの言葉に負けてあと少しのところで振り向いてしまい、エウリュディケは永遠に帰らぬ人となってしまった。以後、オルフェウスは悲しみの中に沈み、決して女性を近づけなかったため、バッコス（ディオニュソス［ギ］）の信女たちの怒りを買って殺されてしまった。幽霊となって黄泉の国にいったオルフェウスはエウリュディケと再会することができ、思いのままに彼女を眺めている（Met II: 59–63, 111–114）。

この話を聞いて、どこかで聞いたような話だと思った読者もいるのではないか。そう、『古事記』のイザナキとイザナミの話である（『古事記』1963: 28–30「六　黄泉の国」）。私も最初そのような印象をもったので、少し注意深くイザナキとイザナミの話を読んでみた。そうすると、確かに大きな枠組みとしては類似点があるのだが、細部や全体的メッセージの異なりもある。類似点は夫が、死んでしまった妻を取り返すべく黄泉の国へくだるのだが、妻を見てはいけないという条件を満たさなかったために結局妻を連れ戻ることができなかったという基本的な筋の同一性である。しかし、大いに異なるところは、この見てはいけないという条件を出したのが、オルフェウスの物語では冥王であるが、『古事記』では妻、イザナミ自身であること。また、この禁を破ってしまったあとの筋の展開である。オルフェウスの物語では、妻を失った悲しみの中、殺されてしまったオルフェウスが幽霊となって黄泉の国でエウリュディケと再会し、二人の愛は決して変わらないという結末である。一方、古事記では、怒って追ってきた妻イザナミから逃れるため黄泉の国とこの世とをつなぐ坂に大岩が置かれ、イザナキとイザナミとは離別の誓いをする。このように、類似性と同時に差異も大きいが、神話の比較研究の題材としては興味深い観点を提供している。

さて、ストリッジョとモンテヴェルディのオペラ〈オルフェオ〉はギリシア神話に基づいているのだが、残されている資料によって二つの異なった結末が見られる。第一の資料は、一六〇七年に出版されたストリッジョ（息子）の台本（リブレット）である。これは台本のみで楽譜はついていない。この台本の結末では、オルフェオがバッコスの信女たちによって引き裂かれる。第二の資料は一六〇九年に出版された総譜（スコア）で、このスコアでは、悲しむオルフェオのところに父であるアポロ（アポロン［ギ］）が降りてきて、共に天に昇ってゆくという結末になっている。今日の上演は、総譜（スコア）に基づく。結末部分の書き換えが誰によってなされたかも不明で、ストリッジョによるものではなくフェルディナンド・ゴンザーガ（一五八七～一六二六）によるのではないかという説もある（チャンパイ 1998: 136）。なぜ、結末を変えたのかも不明であるが、残酷な終わり方が上演にはふさわしいものではなかったという説、一六〇九年に上演した劇場では宙づりの舞台装置が使えたのでそれを効果的に使うためにアポロの降下と、二人で天に昇る場面を設定したのではないかという説がある。

こうして出来上がった〈オルフェオ〉はプロローグと五幕の定型をとり、アリア、合唱、バレエ、レチタティーヴォといったこれから発展するオペラの主要要素を備えている。プロローグに登場するのは、ムシカ（音楽）である。「音楽」というような抽象的な概念を、擬人化して舞台に登場させることはこれ以後のバロック時代のオペラではしばしばおこなわれる。

バロック・オペラとプロローグ

「音楽」、「絵画」、「詩」などの芸術ジャンルや「栄光」、「知恵」、「平和」、「不和」など擬人化されるものは様々である。これら擬人化された概念は主にオペラの「プロローグ」の部分で登場することが多いが、〈オルフェオ〉の第三幕冒頭でも「希望」が擬人化されて登場する。このような登場人物は「寓意的（アレゴリー的）人物」と言われ、アレゴリー表現の一種としてとらえられる。アレゴリー表現は音楽のみならず絵画でもバロック時代の芸術表現の特徴の一つである。アレゴリー表現については最終章で詳しく考察したい。

プロローグはオペラ本体の五幕で展開する物語の主題をあらかじめ提示する場として重要な意味をもっている。ここでは、擬人化された「音楽」が登場し、「これから、音楽の名手オルフェオが音楽の力によって冥王の心を動かした物語をお話しいたします」と述べる。これによって、このオペラは音楽の力を主題としていることが示されている。プロローグはバロック・オペラの特徴の一つで、のちに十八世紀の中ごろになってバロック時代が終わりを告げ始めると次第になくなってゆく。後期バロックの代表的作曲家ジャン＝フィリップ・ラモー（一六八三～一七六四）の作曲したオペラ〈ゾロアストル〉（一七四九）と〈ボレアード〉（一七六三）にはプロローグがない。一七三七年に作曲された〈カストールとポリュクス（ポリュデウケス［ギ］）〉も一七五四年に改作されたときにプロローグが削除されている（imslp に一七三七年版と一七五四年版の楽譜がある。Rameau 1737 ca.）。

プロローグの変化という形でバロック・オペラの歴史を見てみると、バロック・オペラの発展の中でプロローグはしだいに肥大化する傾向があるが、モンテヴェルディの〈オルフェオ〉のプロローグは生まれたばかりのプロローグとして、シンプルで均整の取れた統一的な形式という独自の趣をもっている。リトルネッロ（同じ旋律で繰り返される器楽合奏部分）に挟まれて、「音楽」は四行詩を五回歌う。リトルネッロをRとし、歌の部分をA、B、C、D、Eとすると、R－A－R－B－R－C－R－D－R－E－Rとなる。登場人物は「音楽」のみで、演奏時間も五分前後で短い。また、リトルネッロの繰り返しの効果によって統一感が生み出されている。

オルフェウスとエウリュディケの物語と絵画

さてここで、オルフェウスとエウリュディケの物語をテーマとしたニコラ・プッサン（一五九四～一六六五）の絵画を見てみよう。〈オルフェウスとエウリュディケのいる風景〉（一六四九～五一、ルーヴル美術館蔵）（図1・1）（口絵8）である。まず、この絵画の特徴は、神話の物語を描いているので「歴史画」（「物語画」）であるが、同時に「風景画」としての側面をもっていることである。「歴史画」は絵画のジャンルを表す言葉で、「history painting［英］」、「peinture d'histoire［仏］」「Historienmalerei［独］」を日本語に訳したものである。ヨーロッパの言葉で「history」、「histoire」、「Historie」は歴史と物語との両方の意味を含むが、日本語で「歴史」と訳してしまうと物語を題材とした絵画ジャンルという意味がとらえにくい。実際、「歴史画」の多く

図1-1　ニコラ・プッサン〈オルフェウスとエウリュディケのいる風景〉

はギリシア・ローマ神話や聖書の物語を題材としているので「物語画」と訳されることもあり、こちらの方が意味をよく伝える。プッサンはフランスで生まれたが二十九歳の頃にローマにゆき、それ以後の生涯のほとんどをローマで送っている。この絵画で描かれている風景はローマで、後景の城はサンタンジェロ城、中景の川はテヴェレ川である。ローマを良く知っている人ならすぐに見て取れる現実の風景が描かれているのでその意味では「風景画」である（諸川 2021: 10–13）。しかし、それを背景として描かれているのはオルフェウス神話であり、その意味では「物語画」である。この現実の風景と非現実の神話の世界との混在が独自の雰囲気を醸し出している。次に注目すべき点が、川のほとりで釣りをしている人物が後ろを振り向いてエウリュディケの方を見ていることである。蛇に気がついたエウリュディケの叫び声が聞こえてくるようである。釣り人と対比されるのが前景に描かれた竪琴を弾くオルフェウスとそれを聞いている女性（ニンフ（水の精））たちである。前景の人物たちはまだ、蛇の出現によって悲劇が始まったことに何も気づいていない。

　プッサンは「バロック時代のフランスの画家」と言われたり、「十七世紀フランスの古典主義の画家」と言われたりする。一般にバロックは歪みや力動性を強調し、古典主義は均整や調和を尊ぶので混乱するが、プッサンはその単純な二元論を超越し、時代としてはバロック時代に属しているが古典主義的な傾向を示している画家という理解で良いのではないかと思う。時代としてはバロック時代に属していてもその時代のフランスの芸術を「バロック」と呼ばないという例は音楽に関しても存在する。一九六一年に白水社から翻訳が出版されたジャン・フランソワ・パイヤール著、渡部和夫訳『フランス古典音楽』（文庫クセジュ）の序文には、この書物は一般に西洋音楽史でバロック音楽の時代と言われる時代のフランス音楽を扱うものであるが、フランス音楽の古典主義的傾向を示すために、敢えて、バロック音楽ではなく「古典音楽」という言葉を使ったと述べられている。ここには、一般的な時代区分ではバロック時代に属するものの、ヨーロッパの他の国々と比較して、フランスの場合は「自然さ」「左右対称」「合理性」などを重んじる傾向があるので語源として「歪んだ」という意味をもつ「バロック」と呼ぶのはふさわしくないという主張が込められている。

時代は少しくだるが、風景画と物語画との混在という点で興味深い作品をもう一点挙げておきたい。ジャン＝バティスト・カミーユ・コロー（一七九六〜一八七五）の〈黄泉の国からエウリュディケを連れ出すオルフェウス〉（一八六一、ヒューストン美術館蔵）（図1・2）。コローはバルビゾン派に属し印象派にも影響を与えたとされる十九世紀のフランスの画家で、霧に包まれたような幻想的な風景画でよく知られている。この作品は、

図1-2　カミーユ・コロー〈黄泉の国からエウリュディケを連れ出すオルフェウス〉

風景画に明示的に神話のテーマを重ねた珍しい作品の一つである。遠景が黄泉の国で幽霊たちの姿が見える。中景の川が黄泉の国とこの世を隔てるレイテ川。前景にはエウリュディケの手を引きながら竪琴を掲げて進むオルフェウスが描かれるが、全体の静けさがこのあとの悲劇を予感させる。

オルフェウスはエウリュディケ救出に失敗したあと、決して女性を近づけなかったため、バッコスの信女たちの怒りを買って殺されてしまった。この結末を情感豊かに描いているのが、ギュスターヴ・モロー（一八二六〜九八）の〈オルフェウスの首を抱くトラキアの娘〉（一八六五年、オルセー美術館蔵）（図1-3）である。バッコスの信女たちの殺害方法は残酷なもので、八つ裂きにして首と竪琴をヘブルス川に流したとある。この絵が描くのは首と竪琴を川から拾い上げ、竪琴の上に置いた首をじっと見つめるトラキアの娘である。トラキアというのはオルフェウスの出身地の地名である。

図1-3　ギュスターヴ・モロー
〈オルフェウスの首を抱くトラキアの娘〉

「首」にまつわる物語

「首」にまつわる物語はドラマチックで印象的であるのでしばしば芸術表現の題材となる。オルフェウスの首を含めてすぐに思いつくものだけでも四つの物語がある。オルフェウスの首の話はギリシア・ローマ神話であるが、あとの三つの物語は聖書にある。第一にダビデがゴリアテの首を取る話（旧約聖書 Sa I, 17）。のちにイスラエル王となるダビデが初代イスラエル王サウルに仕えていたとき、敵のペリシテ人の巨人ゴリアテを倒し、首を取る。第二はユディトというユダヤ人女性が敵の王ホロフェルネスをだまして泥酔させ、首を取る話（旧約聖書外典『ユディト記』）。第三はサロメの話。オスカー・ワイルド（一八五四～一九〇〇）の戯曲をもとにし、リヒャルト・シュトラウス（一八六四～一九四九）が作曲したオペラ〈サロメ〉（一九〇五初演）が有名である。ヘロデ王の妻ヘロデヤの娘が舞をまった褒美になんでもほしいものを与えると王に言われ、盆にのせた洗礼者ヨハネの首をいただきたいと言い、その願いが叶えられた話である（新約聖書 Mar VI, 14–29、Mat I, 1–12、Luk IX, 7–9、ただし、これらの新約聖書の記述には「ヘロデヤの娘」とのみあり、この娘の名前がサロメであるとは書かれていない。この娘の名前が「サロメ」であることを記述しているのは、フラウィウス・ヨセフス（三七～一〇〇頃）の『ユダヤ古代誌』（九四～九五頃、XVIII, 136–137）である（ヨセフス 1999: 55)。

モローとギリシア神話

モローはコローより三十歳年下で印象派とほぼ同時代であるが、印象派とは異なりギリシア・ローマ神話や聖書の物語を題材にした絵を描いた。象徴派の画家とも言われる。オルフェウスの首の絵画で我々を引きつけるのはトラキアの娘がオルフェウスを見つめる眼差しである。この視線の描き方によって我々は娘の心の動きを知り、それが絵画全体の醸しだす情感となっている。「視線の美学」とでも名づけたくなるこの技法は〈オイディプスとスフィンクス〉（一八六四、メトロポリタン美術館蔵）（図1・4）にも見られる。この題材は、ソフォクレス（前四九七頃〜前四〇六頃）作のギリシア悲劇「オイディプス王」から取られている（ソフォクレス 1986: 301–374）。自らの本当の親を知りたくて旅に出たオイディプスがテーバイの国の王となったきっかけは、それまで誰も解けなかったスフィンクスの謎を解いたからであった。その謎とは「最初は四本足、次に二本足、最後に三本足になるものは何か」というもので、答えは人間。ハイハイをしていた赤子は二本足歩行になるが最後は老人となって杖をつくようになり三本足になるからである。モローの絵にはそれま

図1-4　ギュスターヴ・モロー〈オイディプスとスフィンクス〉

で謎が解けずにスフィンクスの餌食となった人間の屍の一部なども描かれている。この優れた知性がみこまれて、旅に出たまま帰ってこない王の代わりにテーバイの国の王になってほしいと頼まれる。ここからオイディプス王の悲劇が始まる。この絵は謎を解かれてしまったスフィンクスが、尊敬の（あるいは愛情の）こもった眼差しでオイディプスを見上げ、オイディプスがスフィンクスを見おろす、その「視線の美学」が見どころの絵と言ってよいであろう。スフィンクスとは上半身が女性で下半身が獅子で羽の生えた怪物であるが、ここではその女性性が最も強調されている。

ギリシア神話における欲望肯定型と欲望否定型の対立構図

話をオルフェウスに戻すと、ただ女性を近づけなかったという理由だけでオルフェウスはなぜこんな目に合わなくてはならなかったのか。このことを理解するためにはギリシア・ローマ神話における神々の基本的な対立構図の一つを知っておく必要がある。それは、バッコス（ディオニュソス［ギ］）とディアナ（アルテミス［ギ］）の対立構図である。バッコスは欲望肯定型、ディアナは欲望否定型という対立を念頭に置くと理解の助けとなるであろう。

バッコスはブドウの栽培とブドウ酒の作り方を人間に教えたとされ、陶酔、狂気を肯定する。ここから肉体的欲望の肯定が生まれ、それは、バッコスの従者である信女たちや牧神（半獣神とも訳される）たちの行動に反映する。牧神は、ギリシア神話で「パン」、ローマ神話で「ファウヌス」

という。英語で、衝撃を受けて正気を失うことを「パニック」というがこの言葉は「パン」から来ている。「パン」は森の中で不意に現れ、人や家畜を驚かすと考えられたためである。牧神たちはしばしば、水の精ニンフ（ニュンペ［ギ］）たちのあとを追いかける存在として描かれる。水の精たちはディアナの従者である。彼女たちは牧神の誘惑を退け、そこから逃れる存在として描かれる。例えば、笛の起源を語るシュリンクスの物語がある。シュリンクスという水の精がいた。ディアナの忠実な信者であったので誰にもなびくことがなかったが、ある時牧神に追いかけられ、川岸まで逃げたところでゆき場を失い蘆に姿を変える。追いかけていた牧神はその蘆で笛を作ってその楽器をシュリンクスと名づけたという（Met I: 44–45）。時代はくだって十九世紀になるが、牧神のこのイメージを題材とする一連の官能的な作品として、ステファヌ・マラルメ（一八四二～一八九八）の詩「半獣神の午後」（一八七六出版）、この詩からインスピレーションを得たクロード・ドビュッシー（一八六二～一九一八）の〈牧神の午後への前奏曲〉（一八九四初演）、さらにこの曲にバレエ・リュスのヴァーツラフ・ニジンスキー（一八八九／九〇～一九五〇）が振付をしたバレエ〈牧神の午後〉（一九一二初演）がある。

　ディアナはゼウス（ユピテル［ラ］）とレト（ラトナ［ラ］）の間に生まれた双子の一人で、兄は太陽神アポロン、妹のディアナは月の女神とされる。「処女神」とも言われ欲望否定型で、欲望肯定につながるような行動をしたものを厳しく罰した話がある。たとえば、森で水浴びをしていたディアナとニンフたちを偶然見てしまったアクタイオン（図1・5）は、ディアナによって姿を鹿に変えられてしまい、猟犬によって引き裂かれて死んでしまう（Met I: 103–108）。また、ニンフの一人カリストが妊娠したことを知ると、従者となることを許さずカリストを追放してしまうという話もある。カリストはさらに罰を受け熊に姿を変えられてしまい、最終的には息子とともに大熊座と小熊座の星座となったという結末になる。誰がカリストを熊に変えたのかについては、ゼウスであるという話（Bib: 142）と、ゼウスの妻ヘラ（ユノ［ラ］）であるという話（Met I: 74）の、二つのヴァージョンがある。ヘラが出てくるのは、カリストを妊娠させたのがディアナに姿を変えたゼウスであったため、復讐したのである。夫の浮気の相手をヘラが動物にしてしまうという話はほかにも多くある（Met I: 70–76）。

ただし、この対立構図に当てはまらないディアナに関する物語があることもここで述べておこう。ディアナがラトモス山の美しい青年、羊飼いのエンデュミオンに恋をしたという物語である（Bib: 142）。アクタイオンやカリストを

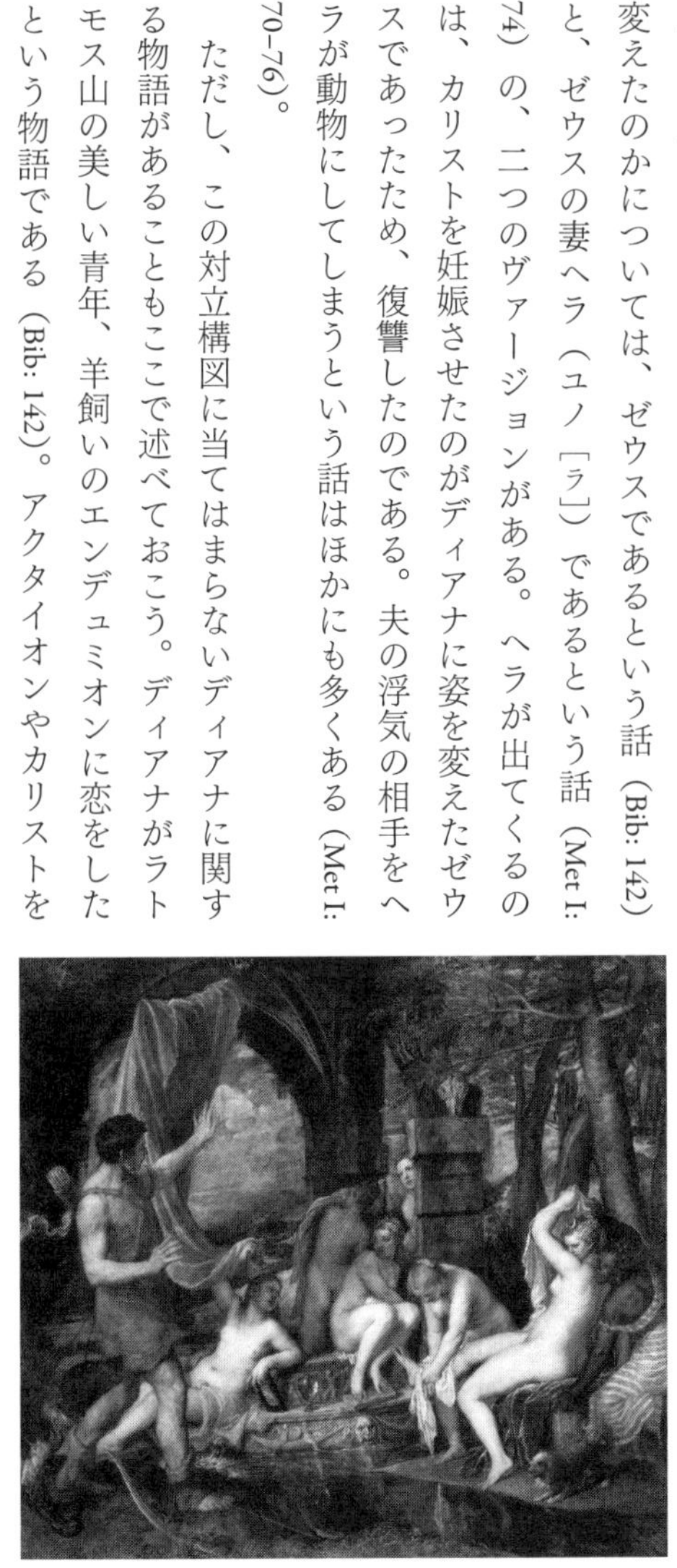

図1-5　ティツィアーノ〈ディアナとアクタイオン〉

あれほど厳しく罰したディアナが恋をするとは信じられないような話である。実は、この話は、もともとはディアナとは別のローマ神話の月の女神セレネの話なのである。ギリシア神話とローマ神話の神々の習合がおこなわれた結果、セレネとディアナが同一視されてディアナの話として伝えられるようになったので、ここで述べた対立構図にはあてはまらない。

以上、オルフェウスとエウリュディケの物語から出発してそこから派生するいくつかのトピックについて述べた。芸術家たちのイマジネーションを刺激したギリシア・ローマ神話や聖書の物語の一端を知る手掛かりとしていただければ幸いである。

さて、リュリはオペラの誕生したフィレンツェで、オペラ誕生の約三十年後に生まれた。次章からはフランスにおけるイタリア・オペラの受容とリュリについて述べることにしよう。

2　リュリ、パリにゆき「大姫君」に仕える

粉屋を営む家に生まれた音楽や踊りの好きな少年リュリに転機が訪れたのは十四歳のときだった。一六四六年にロジェ・ド・ロレーヌがフィレンツェを訪れ、十四歳のリュリをパリに連れて帰ったのである。ロジェ・ド・ロレーヌとはどういう人物なのか。

ペーリ作曲の〈エウリディーチェ〉（一六〇〇）はフランスのアンリ四世とマリー・ド・メディシスの結婚の祝祭の中心的な出し物であったことはすでに述べた。アンリ四世と結婚したマリー・ド・メディシスは一六〇一年に、のちに王となるルイ十三世を生み、そのご九年間の間に合計で六人の子供をもうけた。男の子が三人、女の子が三人である。次男として一六〇七年に生まれたムッシュー・ドルレアン（ニコラとも呼ばれることがある）は、一六一一年に四歳で亡くなっている。翌年に生まれた三男のガストン・ドルレアンがのちに長男のルイ十三世と対立することになる。アン

リ四世が暗殺されたのは一六一〇年、それによって即位したルイ十三世はまだ九歳で、母后マリー・ド・メディシスが摂政となったが、不安定な政治が続いていた。そんな状況の中でルイ十三世の信頼を得て権力を握ったのは宰相となったアルマン・ジャン・デュ・プレシー・ド・リシュリュー（一五八五〜一六四二）であった。リシュリューが権力掌握を決定的なものにしたのは一六三〇年であった。この年にマリー・ド・メディシス、弟王ガストン・ドルレアンのもとに集まった貴族たちの対抗の動きを阻止することに成功したのである。これによって、この対抗の動きに加担していた有力貴族シャルル・ド・ロレーヌ（一五七一〜一六四〇）は追放され、家族とともにフィレンツェに逃げた。このシャルル・ド・ロレーヌの息子がロジェ・ド・ロレーヌである。シャルル・ド・ロレーヌは追放の身のままフィレンツェで一六四〇年に亡くなった。そのご、一六四二年にはリシュリューが没し、一六四三年にはルイ十三世も死去してルイ十四世が即位する。フィレンツェに残されたシャルル・ド・ロレーヌの妻や子供たちは一六四三年にフランスに戻ることが許された。ロジェ・ド・ロレーヌは六歳から十年間ほどをフィレンツェで過ごしていたことになる。フィレンツェには知人や友人が多くいたに違いない。

ロジェ・ド・ロレーヌはロレーヌ家の分家であるド・ギーズ家に属するためド・ギーズ騎士爵と呼ばれることもある。彼はマルタ騎士団から騎士爵の称号を得ていた。マルタ騎士団は十一世紀の十字軍の時代に起源をもつカトリック教会の修道会で主に怪我や病気の治療などの医療をおこなった修道会として知られる。十六世紀になってマルタ島（イタリア半島の南の地中海にある島）を本拠地としたのでマルタ騎士団と呼ばれるようになった。現在はローマを拠点としているが、「マルタ騎士団」の名前は存続している。ド・ギーズ騎士爵はマルタ島での活動に参加してフランスに帰る途中に、幼少期を過ごしたフィレンツェにしばらく滞在する計画を立てたのである。

ちょうどカーニヴァル（謝肉祭）の時期で町は賑わっていた。それを楽しんでいた騎士爵は、ある野外舞台の前で足を止めた。ヴァイオリンを弾きながら歌い踊って聴衆を魅了している少年がいたからである。姪のアンヌ・マリー・ルイーズ・ドルレアン（「大姫君」と呼ばれていた）に、イタリア語の会話の相手にもなれるような召使を探しているので、イタリアにゆくなら良い人を見つけて連れてきてほしいと頼まれていた。バレエや音楽好きの大姫君のイタリア人召使としてリュリは最適の人材と見なされた。ただちに交渉が始まり、リュリも喜んで受け入れたため話はすぐにまとまった。これで、リュリはパリにゆき「大姫君」に仕えることになった（Prunières 1929: 7-12）。

「大姫君」のもとでの宮仕えの間にリュリが経験した重要なことは二つある。一つはイタリアから招聘された音楽家たちによるパリでのオペラ公演と関わることができたこと、もう一つは音楽好きの「大姫君」のサロンで宮廷歌謡の作曲家や歌手と知り合うことができたことである。

まず、イタリア・オペラのパリ公演について述べよう。

3　フランスにおけるイタリア・オペラの受容

マザランのイタリア音楽家招聘策

ルイ十三世は九歳で即位したため、母后のマリー・ド・メディシスが摂政となったのだが、一六四三年に即位したルイ十四世もさらに幼少の四歳で即位したため、母后のアンヌ・ドートリッシュが摂政となった。そして、母后に気に入られたイタリア出身のマザランが宰相となる。マザランの文化政策はイタリアの芸術家たちをフランスに招聘するというものだった。この政策の一環として一六四六年にルイージ・ロッシ（一五九七頃～一六五三）を中心とするイタリアの音楽家たちが招聘された。

この二年前、一六四四年二月には、ローマからレオノーラ・バローニ（一六一一～七〇）という女性歌手がアンヌ・ドートリッシュの宮廷歌人として招かれている（Beaussant 1992: 52)。レオノーラは歌うだけではなくテオルボ、リュート、ヴィオラ・ダ・ガンバを演奏し、作曲をしたことも伝えられている。ロッシの友人でもあり、カンタータの作曲家として知られていたロッシの曲なども演奏したのではないかと想像される。一六四五年の四月にはローマに戻っているのでイタリア式の歌唱はパリの宮廷人たちにはあまり気に入られなかったのかも知れないが、翌年のロッシの招聘を準備する意味はあったであろう。

一六四四年以降に多くのイタリア人音楽家がパリにやってきたのは、もちろんマザランの政策によるところが大きかったが、教皇の交代というローマでの出来事とも関わりがある。一六四四年に教皇ウルバヌス八世（一五六八～一六四四、在位一六二三～四四）が死去し、新教皇イノケンティウス十世（一五七四～一六五五、在位一六四四～五五）が誕生した。新教皇が最初におこなったのが、前教皇の関係者の弾圧である。ウルバヌス八世は本名をマッフェオ・ヴィンチェンツォ・バルベリーニといいバルベリーニ家の出身であった。主な政策としては、フランスへの接近、文化・芸術の庇護、親族登用主義がある。マザランがフランスで実権を握ったのも、そもそもは教皇ウルバヌス八世の特使としてパリにいったことがきっかけであった。イノケンティウス十世はウルバヌス八世によって庇護されていた芸術家たちを弾圧する。アンヌ・ドートリッシュの宮廷歌人として招かれたバローニもともとはバルベリーニ宮廷に仕えていたし、ロッシもアントニオ・バルベリーニ枢機卿（一六〇七～七一）に仕えていた作曲家である。ロッシがパリで上演した〈オルフェオ〉の台本作家フランチェスコ・ブーティ（一六〇四～八二）もアントニオ・バルベリーニ枢機卿に仕えていたがイノケンティウス十世の弾圧によって一六四五年にフランスに亡命している。マザランの命を受けてイタリア・オペラ招聘の実質的な仕事をおこなったのはブーティであった。ローマ教皇が交代してゆき場を失ったローマの芸術家たちがフランスに逃げ場を求めたことがこの招聘策の背景にあった。

こう見てくると、この時代のフランスの政治はローマとの関わりが重要な意味をもっていたことがわかる。少し遡って考えるとルイ十三世の時代に実権を握っていたのはリシュリューであり、このリシュリューに気に入られてルイ十四世の幼少期に実権を握ったのがマザランである。この二人はいずれも枢機卿であった。枢機卿というのはローマ教皇の最高顧問である。フランスの政治を実際に動かした宰相が二代にわたって枢機卿であったことはこの時期のフランスとローマとの密接なつながりを示している。

ロッシ〈オルフェオ〉のパリ公演とリュリ

さて、一六四七年のカーニヴァルの時期にパリで大掛かりなイタリア・オペラを上演するため、ロッシを中心とするイタリア人音楽家たちが招聘されたのは一六四六年である。一六四六年といえばリュリがパリにやってきて大姫君に仕え始めた年である。この出来事はリュリが本格的なイタリアのバロック・オペラを知るための絶好のチャンスであった。大姫君に頼み込んでリュリはリハーサルに立ち会うことを許された。このときの出来事をやや詳しく記述している音楽学者のプリュニエールによれば、リュリはオーケストラのそばに陣取って熱心に聴いていたという（Prunières 1929: 22）。エウリディーチェの役を歌うために来ていたフランチェスカ・コスタ（生没年不詳）という歌手はリュリがフィレンツェにいたときに何度か一緒に音楽をしたことのある知り合いであった。偶然の再会を喜んだ彼女はリュリを〈オルフェオ〉上演プロジェクトの主要メンバーたちに紹介してくれた。たとえば、作曲家のロッシにヴァイオリンの上手な少年として紹介されたリュリは彼の前で演奏をした。ロッシはこの演奏と才能を褒めたが、一流の音楽家になりたければ師について作曲法を専門的に学ぶべきだと助言した。主役のオルフェオを歌ったカストラートのアット・メラーニ（一六二六～一七一四）には彼女の家で会ったという（Prunières 1929: 16–19）。

また、作曲家のロッシと舞台装置家ジャコモ・トレッリ（一六〇八～七八）の衝突について面白いエピソードが残されている（Prunières 1929: 20–22）。本番前の最終リハーサルのときのことである。神々が宙吊の乗り物に乗って天から降りてくる場面があった。その場面の器楽部分の長さが短かすぎてその間に乗り物が舞台上に着地できないという事態が起こった。トレッリはロッシに抗議し器楽部分を長くするように要求した。しかし、ロッシも黙ってはいない。もっと早く着地できるように舞台装置を改善するように要求した。両者互いに譲らず膠着状態になったときに仲裁に入ったのがマザランである。彼がロッシを説得し、結局器楽部分を書き足して長くすることで決着を見た。この話は舞台装置家トレッリの発言力の強さを物語っている。現在の我々は一般にオペラにおいて最も重要な要素は音楽だと思っている。「モーツァルトの〈魔笛〉」とか「ヴェルディの〈椿姫〉」のように作曲者の名前をつけてオペラを呼ぶ。舞台装置家が誰かというようなことはほとんど意識されないであろう。しかし、バロック時代のオペラは耳を喜ばすのと同等かそれ以上に、人の目を驚かし、喜ばせる見世物（スペクタクル）であることが重視された。実際、ロッシの〈オルフェオ〉のパリ上演後の人々の反応を見てみると、イタリア語の良く理解できない聴衆には筋も十分には追えず音楽も退屈であったという感想の一方、人の目を驚かすような舞台装置の巧みさを称賛する声が多かった。ロッシよりもトレッリの名声が高まったのである。こういう状況を考慮すればトレッリの発言力の強さも理解できるであろう。

ロッシの〈オルフェオ〉

この〈オルフェオ〉はどのようなオペラであったのか。ひとことで言うならば、奇想天外、豪華絢爛を旨とした大規模なオペラで、イタリアのバロック・オペラの典型とも言えるものである（CD: Rossi 1999）。まずは、あらすじを確認しておこう。

プロローグ

勝利の女神がフランス軍の勝利をオルフェオの地獄に対する勝利になぞらえて予告する。

第一幕

オルフェオとエウリディーチェの婚礼の場面。エウリディーチェに横恋慕するアリステオ（アリスタイオス［ギ］）が美の女神ヴェネレ（アフロディーテ［ギ］、ヴィーナス［英］）に二人の仲を裂いてほしいと頼む。二人の未来に対する不吉な予兆が示される。

第二幕

ヴェネレは老女に姿を変えてエウリディーチェがアリステオを愛するように仕向けるがうまくいかない。これに対し、ヴェネレの息子で愛の神アモレ（エロス［ギ］、キューピッド［英］）はオルフェオとエウリディーチェに味方し、母の策略をオルフェオに伝える。しかし、エウリディーチェは愛の神アモレを称える儀式のダンスの最中に毒蛇にかまれて死んでしまう。

第三幕

エウリディーチェを取り戻すためにオルフェオは黄泉の国に下る。一方、アリステオはエウリディーチェを失った悲しみによって気が狂い自殺してしまう。オルフェオの音楽の力や、ジュノーネ（ヘラ［ギ］）の助言を聞いたプロセルピナ（ペルセポネ［ギ］）が夫のプルトーネ（ハデス［ギ］、黄泉の国の王）を説得したことにより、道中後ろを振り返ってエウリディーチェを見てはいけないという条件のもと、生者の国に帰ることが許される。しかし、この約束が守れなかったため、エウリディーチェは帰らぬ人となる。悲しみから死を願うオルフェオのもとにジョーヴェ（ゼウス［ギ］）が降りてきて、竪琴、オルフェウス、エウリディーチェを星座とすることを宣言する。

エピローグ

メルクリオ（ヘルメス［ギ］）が登場し、竪琴（Lyre）の永遠性はフランス王家の紋章である百合（Li(y)s）の永遠性につながるとして、フランスの永遠の繁栄を予言して締めくくる。

ロッシの〈オルフェオ〉も、ちょうど四十年前にマントヴァで上演されたモンテヴェルディの〈オルフェオ〉もギリシア・ローマ神話のオルフェウスとエウリュディケの話をもとにしているのだが、その脚色の仕方は非常に異なっている。一番顕著な違いは、エウリュディケに横恋慕したアリステオの話がモンテヴェルディの〈オルフェオ〉には出てこないのに対して、ロッシの〈オルフェオ〉では全三幕のうち第二幕までがこの横恋慕にまつわる物語になっていることである。アリステオの話はオウィディウスの『変身物語』には出てこない。ウェルギリウス（前七〇～前一九）の『農耕詩』の第四巻にあるエピソードが典拠である(ウェルギリウス 2004: 203)。モンテヴェルディの〈オルフェオ〉は『変身物語』を典拠としているのに対し、ロッシの〈オルフェオ〉では『農耕詩』のエピソードをつけ加えて筋を膨らませているのである。また、この横恋慕に関わる場面ではヴェネレやアモレ、冥界の王プルトーネとの交渉の場面ではジュノーネなど多くの神々を登場させて話をさらに複雑なものにしている。

ロッシの〈オルフェオ〉と〈ポッペアの戴冠〉の比較

この違いは、四十年という時間の経過の中でイタリアのバロック・オペラが比較的シンプルなものから豪華で複雑なものへと発展したことを示すものである。モンテヴェルディの〈オルフェオ〉は誕生したばかりのバロック・オペラであり、まだバロックの理念を最大限に発展させたものではない。むしろ、そのごの発展を経たモンテヴェルディの現存する最晩年のオペラ〈ポッペアの戴冠〉（一六四二）（CD: Monteverdi 1996）とロッシの〈オルフェオ〉を比較してみると類似点が多い。〈ポッペアの戴冠〉は、皇帝ネローネが妻のオッタ－ヴィアと離婚し、ポッペアを皇后とするという物語である。離縁されたオッターヴィアと、ポッペアの夫であったオットーネは国外追放される。この基本的な筋に、幸運や美徳などの擬人化や美の女神ヴェネレ、愛の神アモレなどが介入し、筋が複雑になっている。

両者の類似点を挙げてみよう。

一、全体の構成はプロローグと三幕からなる。ただし、ロッシの〈オルフェオ〉は第三幕のあとにエピローグがついている（モンテヴェルディの〈オルフェオ〉はプロローグと全五幕である）。

二、実際に筋を動かす人間のほかに神々が加わり、登場人物が非常に多い。〈ポッペア〉では主な登場人物二十一人。ロッシ〈オルフェオ〉では、二十九人。

三、カストラートの多用。〈ポッペア〉ではネローネ、オットーネなどがカストラート。ロッシ〈オルフェオ〉では、オルフェオ、アリステオ、結婚の神、プロセルピナ、アポロ、メルクリオなど多くの役をカストラートが演じている。カストラートはボーイソプラノの高音域を残すために声変わりの前に去勢することによって形成された歌手である。力強い高音域を好むイタリアのバロック・オペラの要請から生まれたイタリア独自の習慣であった。この習慣はイタリア独自のものとはいえ、奇想天外、絢爛豪華、超現実的なものを好むバロック芸術一般に通じるものがある。

四、神々などの介入によって筋が運ばれ物語が複雑なものとなる。モンテヴェルディではアモレが介入してポッペア暗殺を阻止する。ロッシでは、神々の介入がさらに複雑になる。オルフェオの恋敵アリステオに助けを求められて、オルフェオとエウリディーチェの仲を裂こうと画策するのはヴェネレである。また、プルトーネの説得の場面ではジュノーネが登場する。ジュノーネは夫ジョーヴェの浮気に悩まされた神である。このことを背景に、エウリディーチェのように美しい女性が黄泉の国にいるとあなたも私と同じように疑いの心と嫉妬に悩まされることになるから彼女を生者の国に返した方が良いと、プルトーネの妻プロセルピナに助言する。この場面では擬人化された「嫉妬」と「疑い」が呼び出されて登場する。この助言を受けてプロセルピナが夫を説得しオルフェオがエウリディーチェを連れて帰る許可を得る。さらに、アリステオの父親としてバッコス、エウリディーチェの父親としてエンディミオーネ（エンデュミオン［ギ］）が登場する。これらの親子関係についてては神話の裏づけがはっきりしていないので、恐らく台本作家ブーティの創作ではないかと思われる。しかし、仮に創作であったにしてもそれが受け入れられる背景として共通のイマジネーションがあったのではないか。こう考えると思い出されるのがバッコス（欲望肯定）対ディアナ（欲望否定）という対立構図である。アリステオは厳密な意味では牧神であると言えないかも知れない。しかし、森で美しいニンフ（水の精）を見つけては欲望のままに追いかけ、また、養蜂を教えた牧人であることから牧神の要素をもっている。そこから、牧神を率いる長であるバッコスをアリステオの父とする設定が生まれたのではないか。第三幕第九場でバッコスは息子の敵であるオルフェオを八つ裂きにするように信女たちに命令をくだしている。エンディミオーネがエウリディーチェの父親とされることの背後にはディアナの存在が見え隠れする。エウリディーチェはニンフであり、追いかけられてもそれを拒絶するニンフたちはディアナの従者である。ディアナが愛した唯一の男性エンディミオーネがエウリディーチェの父親とされるのも理解できないわけではない。しかし、これらの発想はやはり自由奔放なものであり、奇想天外な要素ととらえられるのである。

そもそも、イタリアで王（領主）の威厳を誇示することを目的として創られたオペラは贅を尽くしていなければ意味がない。絢爛豪華を目的とすればすべてが過剰の方向にゆくのは当然である。上演時間も長時間に及ぶ。プリュニエールによれば、六時に始まって朝の四時に終わったという（Prunières 1929, 26–27）。現在手元にあるＣＤの録音時間だけでも全体で四時間近くになり、これに舞台の転換や休憩時間を加えれば、かなりの時間がかかったことは確かである。しかし、フランスの趣味は過剰を好まない。節度ある自然さ、左右対称のような知的な統一性、理解可能な真実らしさを尊重する。フランスの研究者の多くがこの時代のフランスの芸術を「歪んだ」という意味をもつ「バロック」と呼びたがらず「古典主義」と呼ぶ理由はここにある。フランスはイタリアのような「バロック」ではないことを強調するためである。のちにリュリがフランス・オペラを創ろうとしたときの重要な課題の一つは、王の威厳の誇示という理念とフランスの趣味とを両立させることであった。しかしここでは先を急がずに「フランス宮廷歌謡」に話を移すことにしよう。

４　フランス宮廷歌謡

イタリアで生まれたオペラを手本にして他の国がオペラを創ろうとするとき、最大の問題は言語が異なるということである。イタリア語から生まれた節をそのままフランス語の歌詞に当てはめてもよい歌はできない。イタリア語からどのようにして節が生まれたか、その原理を習得し自国の言語に当てはめて曲を創らなくてはならない。例えば、バロックの前期においてドイツ語に関してこの課題を引き受けて基礎を築いたのはハインリッヒ・シュッツ（一五八五～一六七二）である。フランス語に関してはリュリであった。

言語の課題を考える際に、大姫君のサロンではしばしば宮廷歌謡が歌われ、リュリがそれを聴く機会があったことの重要性を見落としてはならない。特に、大姫君に仕えていた宮廷歌謡の作曲家ミシェル・ランベール（一六一〇～九六）とリュリの関わりは強く、リュリはのちにランベールの娘と結婚している。そのランベールの宮廷歌謡を見てみることにしたい。

ランベールの宮廷歌謡（その一）

春の快い魅力（作詞者不詳）

春の快い魅力、花々、恋する西風よ、
たくさんの喜びがあなたたちの欲望を満足させている、
新しい季節が戻ってきた魅惑のなかで、
花々、西風よ、私もあなたたちと同じように恋している、
でも、私の苦痛は耐え難く、和らげることができない、
どうして私はあなたたちと同じように
　喜びを味わえないのだろうか。

Doux charmes du printemps, fleurs, amoureux zéphirs,
Mille douceurs contentent vos désirs
Dans le charmant retour de la saison nouvelle.
Fleurs, zéphirs, j'aime comme vous,
Pour soulager l'excès de ma peine cruelle
Que ne puis-je goûter des plaisirs aussi doux.

愛想のよいナイチンゲールよ、あなたは夜も昼も歌っている。
そして、愛の喜びを味わっている、
あなたが新たに激しく恋している魅力的な相手のそばで。
花々、西風よ、私もあなたたちと同じように恋している、

Aimable Rossignol, vous chantez nuit et jour
Et vous goûtez les douceurs de l'amour
Près de l'objet charmant de votre ardeur nouvelle.
Fleurs, zéphirs, j'aime comme vous,

でも、私の苦痛は耐え難く、和らげることができない。　Pour soulager l'excès de ma peine cruelle
どうして私はあなたたちと同じように　Que ne puis-je goûter des plaisirs aussi doux.
喜びを味わえないのだろうか、　(Lambert 1710)

この歌は第一節：三行＋三行、第二節：三行＋三行の形をとっている。第一節と第二節の後半の三行は同じものの繰り返し。両方の節において前半の三行と後半の三行で正反対のものが提示されていることが特徴である。前半は春という快い季節の中で自然（植物、動物）が恋の喜びに満ちている。後半は人間である自分（私）がその正反対の状態で、恋の苦しみの中にある。最初の行の始まりの語「Doux」と二行目の二番目の語「douceurs」は同じ言葉の形容詞と名詞で「快い」「甘い」という意味である。イタリア語の「dolce」に相当する。次に、第一節の右から五行目に「苦しみ」という語がある。「苦しみ」は「快さ」の正反対の感情である。フランス語では「peine」。イタリア語の「pena」に相当する。

モンテヴェルディのマドリガーレとの比較

ここで、この歌の歌詞の内容をモンテヴェルディの〈マドリガーレ集第八巻〉に載っている〈今や天も地も〉という曲と比較してみたいと思う。もちろん、このマドリガーレとフランスの宮廷歌謡ではずいぶん異なった点もあるのだが、両者の歌詞の間には根底で共通するバロック的な好み、正反対なものの同時提示の表現を見ることができるからである。

今や天も地も

今や天も地も風も音を立てず、
野獣や鳥たちも深い眠りのなかに、
夜は星の車を巡らせ、
その寝床には海が波もなく横たわる。

眠れず、思い、焦がれ、嘆き、そして、私を滅ぼすあの人は、
いつも私の前にあって、私の甘き苦しみとなる。
私は怒りと悲しみに満ちた戦争状態、
あの人のことを思うときだけ、わずかの平和を得る。

こうして、たった一つの清らかな生命の泉から、
甘く苦い水を私が飲むように、
たった一つの手が私を癒し、傷つける。

Hor che'l ciel e la terra e 'l vento tace,
E le fere e gli augelli il sonno affrena,
Notte il carro stellato in giro mena
E nel suo letto il mar senz'onda giace,

Veglio, penso, ardo, piango e chi mi sface
Sempre m'è innanzi per mia dolce pena.
Guerra è il mio stato, d'ira e di duol piena,
E sol di lei pensando ho qualche pace.

Così sol d'una chiara fonte viva
Move il dolce e l'amaro ond'io mi pasco.
Una man sola mi risana e punge.

私の苦しみにはゆき着く終わりがないので、
千回死んで、千回生きる、
それほど私の救いははるか遠くにある。

E perché il mio martir non giunga a riva,
Mille volte il dì moro e mille nasco,
Tanto dalla salute mia son lunge !

（Monteverdi 1638）

この詩の作者はフランチェスコ・ペトラルカ（一三〇四〜七四）である。バロック時代より前の詩人であるが、ペトラルカの恋愛抒情詩はバロック時代のイタリアの作曲家が求めていた内容にぴったりのものであった。それは、二つの相反する感情が同時に存在する様を示す点に集約される。この「今や天も地も」の詩もこの典型的な例である。第二節の二つ目の詩句に「甘き苦しみ（dolce pena）」という表現がある。普通、苦しみは甘いものではなく苦いものである。甘いものは喜びである。しかし、この詩では喜びと苦しみは同時にあり、甘さと苦さは同時にあるということを言っている。これこそ、バロックの芸術家たちが最も好む表現である。相対する二つの焦点を同時に存在させ、そのことから生じる緊張感を味わうことになる。バロックの芸術家たちが正反対のものの対置を表現することを好むのは、この時代の芸術家たちが感情表現を深く掘り下げようとしたことと関係する。感情とは割り切れないものである。好きと嫌いの関係についてよく言われることに、「好きの反対は嫌いではなく無関心である」という言葉がある。感情としては「好き」と「嫌い」は同時に存在する。感情は好き嫌いのいずれかというような静的なものではなく、一見して正反対のように思える二つのものの間を揺れ動く振り子運動としてある。これが、バロック芸術が表現したかった最大のポイントではないかと私は思う。「甘き苦しみ」に対応する類似表現として第三節の二つ目の詩句に「甘く苦い水」がある。また、第四節の二つ目の詩句の「千回死んで、千回生きる」も生と死という正反対なものの同時存在を表す表現である。

さて、この詩にモンテヴェルディはどんな音楽をつけたのか。いくつかのポイントを挙げる。

第一節は夜で何も見えず、何も聞こえない、何も動いていない。これを、同じ音を続けるだけで動かさないという音楽で表している。

第二節で「戦争」という言葉が出ると、剣のぶつかり合うような音型がつけられる。

第三節では「清らかな」という言葉に、非常にきれいに響く和音がつけられている。

第四節「遠くに」という言葉に長く伸びる音がつけられている。「とおーくに」といった感じである。

フランス宮廷歌謡ではこのような音画的な表現は好まれない。ごく自然な三拍子の流れで進むのだが、醸しだされる雰囲気には共通のものがある。

ランベールの宮廷歌謡（その二）

あなたがつれないので毎日とても不安です（作詞者不詳）

あなたがつれないので毎日とても不安です。
でも、こんなに苛酷であるにもかかわらず、この運命も愛おしい。
ああ、自分の苦しみの中にさえこんなに魅力を感じるのだから、
もっと幸せになったなら、喜びで死んでしまうかも知れない。

Vos mépris chaque jour me causent mille alarmes,
Mais je chéris mon sort, bien qu'il soit rigoureux.
Hélas! si dans mes maux je trouve tant de charmes,
Je mourrais de plaisir, si j'étais plus heureux.

(Lambert 1689)

この曲は四行のシンプルな曲であるが、ランベールの宮廷歌謡としては現在最も良く演奏される曲の一つと言えるのではないかと思う。その理由は二つあると思われるが、一つ目は歌詞の内容が典型的な反対語併置表現であること。二つ目は曲の形式がシャコンヌという通奏低音を繰り返す形になっていることである。

まず、歌詞の内容から述べると、二行目に「苛酷な運命が愛おしい」という表現、三行目に「苦しみに魅力を感じる」という表現がある。これらは、「甘き苦しみ」の同類表現である。また、「喜びで死んでしまう」という表現も同様の情感を醸し出す。

同じ音型の通奏低音を何回も繰り返し、その上で上声部が変奏をおこなうという形式はフランス語では「シャコンヌ」、「パッサカーユ」、イタリア語では「パッサカリア」、英語では「グラウンド」などと言われ、バロック時代にはしばしば用いられた。もともとは、舞曲に起源があるが、バロック時代を通じて歌曲でも器楽曲でも「シャコンヌ」形式の名曲は多い。フランス・バロック・

オペラにおいては結婚式のときに踊られる舞曲としてよく登場する。また、宗教的な器楽曲においてもヴァイオリンのソロ曲としてハインリヒ・イグナツ・フランツ・フォン・ビーバー（一六四四〜一七〇四）の〈ロザリオのソナタ〉の終曲パッサカリアの例がある。また、ヨハン・セバスティアン・バッハ（一六八五〜一七五〇）の無伴奏ヴァイオリンのための〈パルティータ第二番〉のシャコンヌは有名である。バロックの時代にはまだ調性音楽のシステムやソナタ形式などが確立していなかったため、曲の統一感を生み出す形式としてこの定型バス進行での変奏が広く用いられた。また、同一音型が反復されると自我の意識が薄れてある種のトランス（恍惚）状態を生み出す効果があることから、日常から突出した喜び（結婚式）や宗教的な神との一体化の表現と結びつく。

ランベールの宮廷歌謡（その三）

若く優しく美しい人（作詞者不詳）

若く優しく美しい人が
私を虜にした。
彼女の優しいまなざしから私は身を守ることができなかった、
しかし、ああ、彼女の瞳はすでに人を魅惑することを知っていても、

Une jeune et tendre beauté
A captivé ma liberté.
Contre ses doux regards je n'ai pu me défendre.
Mais hélas! si ses yeux savent déjà charmer,

彼女の心はまだ愛するとは何かを知らない
幸せだろう！　もしいつか私の心が
　彼女にそれを教えることができたなら。

彼女は官能を魅惑し、うっとりとさせる、
芽生えたばかりの彼女の魅力の噂は
色々なところで広がり始めている
しかし、ああ、彼女の瞳はすでに人を魅惑することを知っていても、
彼女の心はまだ愛するとは何かを知らない
幸せだろう！　もしいつか私の心が
　彼女にそれを教えることができたなら。

Son cœur ignore encore ce que c'est que d'aimer
Heureux! si quelque jour le mien lui peut apprendre.

Elle enchante et ravit les sens,
Le bruit de ses appas naissants
En mille lieux divers commence à se répandre
Mais, hélas! si ses yeux savent déjà charmer,
Son cœur ignore encore ce que c'est que d'aimer
Heureux! si quelque jour le mien lui peut apprendre.

(Lambert 1689)

宮廷歌謡は片思いや失恋の苦しみを歌ったものが多いのだが、この曲は少し異色である。まだ愛を知らない少女に対する秘めたる愛の歌。片思いや失恋ではないが、愛が成就せずに秘められているところは同じような雰囲気と言えるかも知れない。

このような宮廷歌謡の実践を通じてフランスの作曲家たちはフランス語の歌の作り方を洗練させてきた。歌詞の意味が主役であるから歌詞がはっきりと聴きとれなくてはならない。歌詞のもつ音楽的な要素を邪魔せず発展させたメロディーが追求される。この課題はイタリア語の歌の作曲法を

完成させていったモンテヴェルディと同じ課題であった。しかし、すでに述べたように、イタリア語とフランス語は当然のことながら違った特徴をもつので、モンテヴェルディの課題は継承できても、モンテヴェルディと同じような音楽をフランス語につけることはできない。フランス語に限らず、様々な国はその国語に相応しい作曲法を独自に工夫しなければならなかった。フランスでは宮廷歌謡の実践を通じてフランス語に相応しい作曲法が開拓されていたので、のちにフランス語のオペラを作曲するときにこの方法が大いに役立つことになる。リュリは大姫君の宮廷に仕え、当時の貴族たちがどのような歌を好むのかを体得していったのである。

リュリ、大姫君のもとを去る

大姫君に仕えることによって、リュリはイタリア・オペラや宮廷歌謡を学ぶことができたのだが、二十歳になったばかりの頃、大姫君のもとを去ることになる。リュリがパリにやってきてから六年が経っていた。一六四八年に始まった貴族たちの反乱であるフロンドの乱は一六五二年十月にようやく終息を見る。大姫君はフロンドの乱でルイ十四世に対して乱を起こした貴族の側に立ったため、フロンドの乱の鎮圧後にパリから追放される。追放された場所は、パリの南南東百八十キロメートル程に位置するサン・ファルジョーという町である。古いお城があったもののかなりの田舎町で、リュリはここに長居はできないと感じた。そこで、自ら申し出て大姫君に暇乞いを告げ、単独でパリにもどり、一六五二年十二月末にパリに到着した（Prunières 1929: 54–55）。パリではフロンドの乱の鎮圧を祝う宮廷バレエ〈夜のバレエ〉の上演準備がちょうど始まったころで、リュリは友人たちの伝手を使ってそこに潜り込むことができた。これが、リュリがルイ十四世に認められるきっかけとなったのだが、次節ではまず、宮廷でのバレエの催しについて述べることにしよう。

5　宮廷バレエ

王の踊る宮廷バレエ

宮廷バレエは王の主催によるバレエの催しで、当時の宮廷で重要な役割を果たした。単なる舞踏会のようなものから、次第に、何らかのテーマの定まった舞踊を集め、朗唱によって断片的に内容を説明する劇のような形を取るものにまで発展した。ルイ十四世も踊り手としてバレエを踊っていた。現在の我々の目から見ると意外に思われるかも知れない。しかし、日本の平安時代の宮廷文化に思いをはせれば、そう意外なことでもないであろう。紫式部(九七八頃～一〇一四頃)の『源氏物語』の第七帖　紅葉賀には源氏が舞の名手であったことが書かれている(紫式部 1965: 259–261)。宮廷バレエには専門的な踊り手としてのダンサーは存在せず、ルイ十四世を始めそれを取り巻く貴族たちが踊り手であった。当時の貴族にとって踊れることは非常に重要なたしなみだったので貴族たちはバレエ教師を雇って日々練習に励んでいた。その意味において、宮廷バレエは芸術的な催しであるとともに政治的活動でもあった。誰が主催者であり、誰がどの役を踊るのかということは貴族の政治的な序列を目に見える形で確認することになるのである。

ルイ十四世が踊り手としてデビューしたのは一六五一年、十二歳のときである。それ以降宮廷バレエの催しはほぼ一年に一回か二回のペースでおこなわれ、王が踊り手として登場した。しかし、一六七〇年のコメディ・バレエ〈素晴らしき恋人たち〉を最後に王はバレエを踊らなくなる。それ以降、バレエは専門的な踊り手による芸術として発展することになる。以下、王や貴族たちの踊るバレエの政治性という観点からルイ十四世の踊ったバレエについて考察したい。

〈カサンドルのバレエ〉

ルイ十四世が踊り手としてデビューしたのは一六五一年二月〈カサンドル（カッサンドラ［ギ］）のバレエ〉である。一六四八年に始まったフロンドの乱は収まる気配を見せず、王権にとっては大変な時期であったが、それだからこそバレエという形での王権の確認が必要であったと考えられる。カサンドルはギリシア神話に登場するトロイアの王女でアポロンに愛された（Bib: 154; Met II: 215）。アポロンに愛されたというイメージが軸となって連ねられる十五のアントレ（バレエでは幕のことをアントレという）で構成されている。この年は王が九月に成年式（十三歳）を迎える年で、その式の六か月前の王のバレエデビューとしておこなわれた。イザク・ド・バンスラード（一六一三〜九一）の書いた台本の台詞にこのことがはっきりと示されている（Benserade 1997）。第三アントレでカサンドルの従者として騎士（二人）と婦人（二人）が登場する。騎士のうちの一人を王が踊った。

栄光に満ちたこの高貴な騎士は
勝利を手にすることになるだろう。
彼の功績はその父と祖父の影を薄れさせるだろう。
何という威厳、何という優雅さ、
今はまだ導かれているが、
六ヵ月後には一人でゆくことになる。

Ce noble chevalier avec beaucoup de gloire
Tiendra par la main la Victoire,
Ses faits effaceront son père et son aïeul
Qu'il a de majesté, que sa grâce est extrême,
On le mène encore lui-même
Mais dans six mois il va tout seul.
（Benserade 1997: I, 44）

次に王が登場するのは第十一アントレ。ここでは「トリコテ（ポワティエ地方の踊り）の踊り手」の一人である。

非常に高貴で偉大なこのポワティエ人は
征服者のステップでトリコテを踊る
（征服者のステップは）まさに彼の血筋を示す。

Ce Poitevin dont l'air est si noble et si grand
Dance le Tricotet d'un pas de conquérant
Qui marque bien son origine.（Benserade 1997: I, 49）

〈バッキュスの祭りのバレエ〉

この催しの評判が良かったために同年五月に〈バッキュス（バッコス［ギ］）の祭りのバレエ〉がおこなわれた。バッキュスは葡萄酒の神で、その祭りは酔っ払った状態でおこなわれ日常生活の秩序が失われている。もともとカーニヴァルの時期の催しに起源をもつ宮廷バレエにとっては好適な題材である。このバレエは三十のアントレ（バンスラードの台本には最後に、「削除されたアントレ」が一つ書かれているがこれは三十の中に含めていない）で構成されている。ルイ十四世が踊った役は第四アントレの「酔った盗賊」（図1・6）、第八アントレの「占い師」（図1・7）、第十八アントレの「バッキュスの信女」、第二十二アントレの「氷人間」（図1・8）、第二十七アントレの「ティタン（タイタン［英］、巨人）」（口絵4）、第三十（最終）アントレの「ミューズ（ムーサ［ギ］［ラ］）」（口絵5）、以上六つの役であった。王の威厳を直接示すような台詞のつけられている役を二つ挙げよう。

図1-8「氷人間」

図1-7「占い師」

図1-6「酔った盗賊」

まず、第八アントレの「占い師」である。

どれほど多くの人々がこの神々しい面差しに
自らの運命の確かな占いを求めにゆくことか、
そして、どれほど多くの廷臣たちがこの占い師のところにゆき
運勢の吉凶を知ろうとすることか。

Que de gens sur ce front dont l'éclat est divin
Vont chercher de leur sort un infaillible augure,
Et que de Courtisans iront à ce Devin
Pour apprendre leur bonne, ou mauvaise aventure.

これは高貴な守護神で、人々に約束する、
平和とかつての生活の再来を、

C'est un noble Génie, il promet aux humains
Le retour de la Paix, & des mœurs anciennes,

(Benserade 1997: I, 63)

この占い師が王のイメージと重なっていることは確かであろう。人々は王を頼り、助言を求めなくてはならない。フロンドの乱のさなか、王に従うことによってかつての平和な生活が戻ってくるのである。

次に、第三十(最終)アントレの「ミューズ」である。この場面では、ミューズとアポロンの関係がアポロンの台詞で示されている。アポロン役はカブー氏によって演じられた。

聖なる谷間の娘たちのうち
八人までは魔法の棒で操れるが
それまでのこと、あわれなアポロンは
末娘には加護を求める。

Des filles du sacré vallon
J'en sais mener huit à la baguette,
En rien plus le pauvre Apollon
Se recommande à la cadette.

(Benserade 1997: I, 85)

ギリシア神話ではアポロンが九人のミューズたちを主宰する。それゆえ、九人のミューズたちはアポロンの支配下にあるわけである。しかし、この台詞では末娘だけはそうはいかないと言っている。この末娘というのがルイ十四世扮するミューズである。『バンスラードの宮廷バレエ台本集』(Benserade 1997)の編者(マリー＝クロード・カノヴァ＝グリーン)はこの部分に註をつけていて(Benserade 1997: I, 85)、カブー氏の身分を考えれば王の加護を求めるのは当然だとしているが、果たしてそうであろうか。アポロンのこの台詞に対して他の解釈はできないであろうかと考えると、当時のマザランと王の関係が思い浮かぶ。すでに述べたように、この当時実権を握っていたのはイタリア出身の宰相マザランであった。この台詞は、成年式を迎えた王にはマザランも従い「加護を求める」ということの暗示とも受け取れる。

〈夜のバレエ〉

次に、特に重要な意味をもち、今日でも最もしばしば言及されるバレエの一つとして、一六五三年におこなわれた〈夜のバレエ〉がある。このバレエはルイ十四世が実権を握る始まりとなった時期のバレエとして非常に重要な意味をもっていた。この年に貴族たちの反乱であるフロンドの乱が鎮圧され、これによって初めて諸貴族に対する王の優位が確認された。そのことを表現し、宣言しているのがこのバレエである。このバレエは日の出前の夜の場面を示す四つの部分からなる。

第一部は夕方六時から九時まで。フクロウによって引かれた山車に乗って「夜」が登場し、それに十二人の「時」が続く。十二の「時」はこれから描かれる夕方六時から明け方の六時までの十二の時（十二時間）を示すが、そのうち四人が残って「夜」との対話によって全体の構成を示すのが第一アントレである。この第一アントレは全体の序曲的な役割をも果たす。この第一アントレでルイ十四世が「時」

図 1-9「時」

の四人のうちの一人（図1・9）を演じる。第一部は十四のアントレで構成されるが、以下の第二から第十四までのアントレで、海辺、田舎、町などの夜の情景が描かれる。

第二部は夜の九時から十二時まで。この時間帯におこなわれる様々な余興が示される。舞踏会、バレエ、コメディなどである。第二部は楽しく愉快なものとして、ヴェニュス（アフロディーテ［ギ］、ヴィーナス［英］）が主宰し、遊戯、笑い、結婚の神イメン（ヒュメン又はヒュメナイオス［ギ］）などが登場する。六つのアントレからなるが、最終の第六アントレは劇中劇の形をとって「アンフィトリオンの無言劇」が演じられる。この無言劇は四幕で構成され、第一幕でアンフィトリオン（アムフィトリュオン［ギ］）が妻のアルクメヌ（アルクメネ［ギ］）のところに召使ソジーとともにやってきて旅にゆかなければならないと告げて旅立つ。第二幕でジュピテル（ゼウス［ギ］、ユピテル［ラ］）とメルキュール（ヘルメス［ギ］、メルクリウス［ラ］）が登場。アルクメヌに恋をしたジュピテルはアンフィトリオンに、メルキュールはソジーに姿を変える。第三幕でアルクメヌは侍女のブロミアに夫のいない寂しさを嘆いている。そこに夫に姿を変えたジュピテルと召使ソジーに姿を変えたメルキュールがやってくると本物だと思い込み、喜んでジュピテルを家の中にいれ、ソジーは扉の前で控えている。第四幕で、本物のアンフィトリオンと召使のソジーが帰宅しアルクメヌの家に入ろうとして大騒ぎになりドタバタ劇が演じられる。結局、ジュピテルとメルキュールが本当の姿を現すと皆がひれ伏してコメディは終わる。（モリエールはこの無言劇とほぼ同じ筋で戯曲「アンフィトリオン」（一六六八年初演）を書いている）。最後にスペイン人たちがサラバンドを踊って第二部が終了する。第二部では第二アントレで王が遊戯の役（図1・10）を踊った。

「アンフィトリオンの無言劇」はここで終わるのだが、ギリシア神話にはこの後日談があって、英雄ヘラクレスの誕生を語っている。このゼウスとの一夜によってアルクメネは身ごもり、その結果生まれたのがヘラクレスである。アルクメネは双子の男の子を生み、その一人がヘラクレスでゼウス（神）の子、もう一人がイフィクレスでアムフィトリュオン（人）の子である（Bib: 86）。こういうパターンの話はギリシア神話にほかにもあり、カストル（カストール［仏］）とポリュデゥケス（ポリュックス［仏］）の話がそうである。ふたご座の起源とされるこの兄弟の母親はレダである。レダはスパルタ王テュンダレオスの妻であったがゼウスに見初められ、ゼウスは白鳥に姿を変えてレダを誘惑した。その結果、レダは卵を産み、その中からカストルとポリュデウケスが生まれる。カストルはテュンダレオス（人）の子で、ポリュデゥケスがゼウス（神）の子であるとされる（Bib: 148）。ラモーは、一七三七年にこの話を題材としたオペラ〈カストールとポリュックス〉を作曲している。ルネサンス以降、絵画や彫刻などのモチーフとしても広く取り上げられている。残念ながら原画が現存しておらず、模写によって伝えられているのだが、レオナルド・ダ・ヴィ

図 1-10「遊戯」

ンチの〈レダと白鳥〉は有名である。

さて、第三部は夜中の十二時から午前三時まで。十三のアントレからなる。まず月がテーマとなり、題材となっているのが月の女神が美青年の羊飼いアンディミオン（エンデュミオン［ギ］）に恋をしたという神話である。月の女神がアンディミオンのところに降りてきてしまったので月食が起こり、羊飼いや天文学者たちを驚かす。さらに、月の光が陰ったことをきっかけに魔女の夜宴が開かれ、最後には火事が起きて大騒ぎになる。第六アントレで八人の「鬼火」（図１・11）が登場するが、王がそのうちの一人を演じた。第十一アントレでは魔女の夜会を見に来た三人の「知りたがり」のうちの一人を王が演じる。

最後の第四部は午前三時から太陽の昇る六時までで、「眠気(Sommeil)」と「沈黙(Silence)」のレシ(朗唱)で幕を開けると、第七アントレまでは夢がテーマとなる。夢の場面では、伝統的な「地水火風」の四大元素に対応する四気質（憂鬱質、粘液質、胆汁質、多血質）の人の夢を示すが、王は「火」に対応する「胆汁質」の人の夢のなかの激怒する人々のうちの一人の役を演じる。「胆汁質」の人はかっとなりやすいと言われている。第七アントレで夢の場面が終わると、第八アントレとして贋金作りの場面が挟まれる。第九アン

図 1-11「鬼火」

トレで鍛治屋の登場のあと、ルイ十四世の唯一の弟オルレアン公フィリップ（一六四〇〜一七〇一）が明けの明星として登場する。最後のアントレ、第十アントレで「曙光」のレシに導かれていよいよルイ十四世が「昇る太陽」の役（図1・12）で登場する。「夜」というテーマが選ばれたのもすべて最後にこの「昇る太陽」を出すという趣向から逆算してのことである。部分的に見ると様々に奇想天外な面白さがあるのと同時にある種の統一性が実現している。これ以後、絶対王政を築いていったルイ十四世は自らを「太陽王」と名づけて権力を誇示した。その始まりがここにある。

のちにフランス・オペラを確立した作曲家リュリはこの「夜のバレエ」の企画に参加できたことによって王に近づいた（このときは、作曲家ではなく振付師、ダンサーとして）。このバレエでリュリの踊った役を見てみよう。第一部第五アントレ：夜になったので家畜の群れを導いて笛やミュゼットを演奏しながら家路を急ぐ羊飼いの一人。第一部第十二アントレ：スリを捕まえようとする兵士の一人。第一部第十四（最終）アントレ：陽気で滑稽な踊りを踊る乞食や不具者たちのうちの乞食の一人。第二部第五アントレ：ここでは夜の余興の例として、バレエが踊られ「バレエの中のバレエ」と題されている。テーマは、テティスとペレ（ペレウス［ギ］）の結婚。リュリは、結婚のためにテティスの身支度を手伝う美の三女神の一人の役。最後は同じく第二部第六アントレのすでに述べた劇中劇の形をとる「アンフィトリオンの無言劇」の中でアンフィトリオンの召使ソジーの役を演じている（Benserade 1997: I, 93–160）。

図1-12　「太陽王」に扮したルイ14世

王の踊った最後のバレエ〈素晴らしき恋人たち〉

このあと、一年に一、二回のペースでバレエの催しがおこなわれ王が踊っている。王の踊った主な演目と役をまとめた一覧を参照していただきたい。王が踊ったバレエという観点から、表の演目には宮廷バレエとコメディ・バレエを含めてある。コメディ・バレエは宮廷バレエとは起源が異なり、恋愛などをテーマとした一貫した喜劇的な筋の部分を骨子として、その間にバレエや音楽が挟まれるという形をとる。しかし、王の主催する演目として発展したことは宮廷バレエと共通し、ルイ十四世や貴族たちがこの演目でバレエを踊ったという点では宮廷バレエの要素もある。ルイ十四世の踊った演目の表の最後にあるのが一六七〇年のコメディ・バレエ〈素晴らしき恋人たち〉である。この演目を最後に王は公の場所でバレエを踊らなくなった。クリストゥによれば、「フランス新聞（*La Gazette de France*）」（No. 18）では王がネプチューン（ポセイドン［ギ］）とアポロンを踊ることについての言及があるのだが、「フランス新聞」（No. 21）に二月十四日には王の代わりにネプチューンをダルマニヤック伯爵が、アポロンをド・ヴィルロワ侯爵が踊るという告知がある（Christou 2005: 126, 86n.）。このことから、サンジェルマン＝アン＝レの二月七日の初演が王の公の場でのバレエの最後であったと考えられる。

台本の冒頭にモリエールの記した前書きには次のように書かれている。

ルイ14世の踊った主なバレエのタイトルと役の一覧

[　] 内は以下のジャンルを示す。
[BC]…宮廷バレエ　[CB]…コメディ・バレエ　[IN]…幕間劇　[B]…バレエ

1651年2月26日　カサンドルのバレエ Ballet de Cassandre [BC]
騎士 un chevalier, ポワティエ地方のトリコテの踊り手 un tricotet poiteven

1651年5月2日　バッキュスの祭りのバレエ Ballet de Fêtes be Bacchus [BC]
酔った盗賊 un filou ivre, 占い師 un devin, バッキュスの信女 une bacchante, 氷人間 un homme de glace, ティタン（巨人）の1人 un des titans, ミューズ une muse

1653年2月23日　夜のバレエ Ballet de la Nuit [BC]
時の神 une Heure, 遊戯の1人 un des Jeux, 鬼火 un ardent, 知りたがり un curieux, 激怒する人 un furieux, 昇る太陽 le soleil levant

1654年4月17日　ペレ（ペレウス［ギ］）とテティスの結婚
Les Noces de Pélée et de Thétis [IN]
アポロン Apollon, 復讐の女神 une Furie, 森の精 un dryade, アカデメイア学派の哲学者 un académicien, 軍神 la Guerre

1654年11月30日　時のバレエ Ballet du Temps [BC]
瞬間 un Moment, 黄金の世紀 le Siècle d'or, 春 le Printemps, 四大元素の火 le feu, un des Quatre Éléments

1655年2月4日　喜びのバレエ Ballet des Plaisirs [BC]
羊飼い un berger, エジプト人 un Égyptien, 放蕩者 un débauché, ダンスの守護神 le génie de la danse

1655年5月30日　歓迎のバレエ Ballet des Bienvenus [BC]
噂の女神 la Renommée

1656年1月16日　プシシェ（プシュケ［ギ］）のバレエ Ballet de Psyché [BC]
春 le Printemps, いたずら好きな妖精 un esprit follet, プリュトン Pluton

1656年2月14日　時の神のギャラントリー（色恋沙汰）のバレエ
Ballet de la Galanterie du Temps [BC]
粋人 un galant

1657年1月17日　病気のアムールのバレエ Ballet de l'Amour malade [BC]
余興 le divertissement, 新郎新婦の親戚と友人たちのうちの1人 un des parents et amies des mariés

1657年2月11日又は12日　混乱した喜びのバレエ Ballet des Plaisirs troublés
町人 un bourgeois

ルイ14世の踊った主なバレエのタイトルと役の一覧（続き）

1658年2月14日　アルシディアヌのバレエ Ballet d'Alcidiane [BC]

憎しみ la Haine, 風神エオル（アイオロス［ギ］）Éole, 悪鬼 un démon, ムーア人 un Maure

1659年2月19日　冷やかしのバレエ Ballet de la Raillerie [BC]

笑い Le Ris, 幸福 le Bonheur, フランス人貴族 un getilhomme français

1661年2月19日　待ち遠しさのバレエ Ballet de l'Impatience [BC]

貴族 un seigneur, ジュピテル Jupiter, 騎士 un chevalier

1661年7月23日　四季のバレエ Ballet des Saisons [BC]

セレス（ケレス［ギ］, 豊穣の女神）Cérès, 春 le Printemps

1662年2月7日　恋するヘラクレス Hercule amoureux [IN]

フランスの王家 la Maison de la France, プリュトン Pluton, アレクサンドル Alexandre, 太陽 le Soleil

1663年1月8日　諸芸術のバレエ Ballet des arts [BC]

羊飼い un berger

1664年1月29日　強制結婚 Le Mariage forcé [CB]

エジプト人 un Égyptien

1664年2月13日　変装したアムールたちのバレエ Ballet des Amours déguisés [B]

ルノー Renaud

1665年1月26日　ヴェニュスの誕生のバレエ Ballet de la naissance de Vénus [BC]

アレクサンドル Alexandre

1666年12月2日　ミューズたちのバレエ Ballet des Muses [BC]

農民 un paysan, 羊飼い un berger, 詩人 un poète, ペルシャの キロス王 Cyrus, ニンフ une nymphe, ジュピテル Jupiter, スペイン人 un espagnol

1668年1月18日　謝肉祭 Le Carnaval [BC]

喜びたちのうちの1人 un des Plaisirs, まじめな表情の仮面をつけた人 un masque sérieux

1669年2月13日　フロール（花の女神）のバレエ Ballet de Flore [BC]

太陽 le Soleil, 奴隷 un esclave, 悪鬼 un démon, ヨーロッパ人 un Européen, アメリカ人 un Américain

1670年2月7日　素晴らしき恋人たち Les amants magnifiques [CB]

ネプチューン Neptune, アポロン Apollon

参考文献：Beaussant 1992; Benserade 1997; Christou 1967; 1987; Couvreur 1992; Isherwood1973; Prunières 1966

王は、自ら企てることすべてにおいて斬新な事柄のみをお望みであるので、演劇が提供することのできることすべてで構成されるような余興を宮廷でおこなうことを計画された。そして、この壮大な着想を一つにまとめて、多くの様々な事柄をまとまったものとしてつなげるために陛下は競い合う二人の王子を題材として選ばれた。この二人の王子はピュティア競技の祭りを祝っていたテンピ渓谷の田園に滞在し、思いつく限りのあらゆる優美な余興をおこなって若き姫君とその母親を競って喜ばせ、歓心を買おうとする。

(Molière 1979: 21)

主宰する催しの演目の内容について王が具体的に指示をすることは当時珍しいことではなかったが、特筆すべきは、それを前書きで明示していることである。モリエールが自身の判断でこれを書いたというよりはこの前書きも王の指示で書いたという可能性が高いのではないか。もし、そうであるならば王は自らがこの演目のすべてを取り仕切っていることを強調したかったということであろう。そこには、この演目を最後にして、今後は公の場で自ら踊ることをしないという決断が含まれていたはずである。初演のときにルイ十四世が踊ったとされるネプチューン（海を統率する神）は冒頭の余興、アポロン（太陽神）は最後の余興の場面で登場するというシンメトリックな構成になっている。

さて、これまでの考察を通じて浮かび上がってきた二つの問いについてここで考えておきたい。

宮廷バレエとカーニヴァル

第一の問いは、なぜ王は多様な役を踊ったのか。王のバレエデビューの〈カサンドルのバレエ〉から、最後に踊った〈素晴らしき恋人たち〉に至るまで、演目も多彩で王の踊った役も多岐にわたる。その中には一見して王様の威厳とは直接結びつかないと思われる役も多くある。この多様性の意味を考えるために、宮廷バレエとカーニヴァルとの関係に注目したい。宮廷バレエなどの催しはカーニヴァルの時期におこなわれることが多かった。カーニヴァルはイースター（復活祭）を準備する期間である四旬節の始まる直前におこなわれる。復活祭は年によって異なる「移動祝日」で三月二十二日から四月二十五日の間に設定される。それによって四旬節の始まりも二月四日から三月十日の間のいずれかの日になる。よって、カーニヴァルも年によって異なるがだいたい二月頃になる。表にバレエの演目の初演の日のわかるものを記入しておいたが、二月におこなわれているものが多い。

カーニヴァルは両義性を生きる体験であるとはミハイル・バフチンの言葉だが（バフチン 1995: 247–264）、その言葉に俟つまでもなく、だいたいお祭りのときには日常の秩序が壊される。両義性というのは日常でははっきり分けられていることがごっちゃになるということである。日常では、主人と家来、男と女、人間と動物などとはっきり分けられている。合理性の世界である。しかし、お祭りのときにはこの秩序がいったん壊される。多くの場合仮面などをかぶり、主人が家来になり、家来が主人となり、男が女になり、女が男になり、人間が動物になる。その無秩序を愉しむのがお祭りである。そして、そのお祭りが終わったあとに新たな日常が再生する。これを宮廷バレエという王権の祭りに当てはめれば、王は一度王を止め、新たな王となって再生する場として宮廷バレエを捉えることができるであろう。そう考えれば、なぜ王が多様な役を踊ったのかがわかる。宮廷バレエは王の再生の儀式という要素を含んだ催しとしてとらえることができる。

なぜ王は踊ることをやめたのか

二番目の問いは、なぜ王は一六七〇年に自ら踊ることをやめたのか。これについては今まで何人かの研究者が回答を試みている。まず、プリュニエールの説は、ジャン・ラシーヌ（一六三九〜九九）の演劇「ブリタニキュス」（一六六九年十二月十三日初演）の中で暴君ネロが役者として舞台に立っていることが批判されているのを知って王が自ら踊ることを止めたのではないかというものである（Prunières 1966）。クリストゥはこれを批判して、ラシーヌは廷臣作家であり上演も王の許可なくしてはできない、この演劇のせりふによって王が動かされることはありえないと考え、専門的な舞踏家が出て来たこと、政治的職務の多忙を原因として挙げている（Christou 2005: 127）。クーヴリューは、まず王が何らかの理由で止めることを決意し、そのために王がラシーヌに命じてネロ批判を「ブリタニキュス」に書き入れさせたのではと推測している。〈ブリタニキュス〉は王が踊ることを止めることに対する王の意図によるプロローグなのである(Couvreur 1992: 189–190)。次にボーサンの説を挙げよう。ボーサンはクリストゥやクーヴリューの考えに賛同しつつもそれに加えて宮廷バレエそのもののあり方の変質を指摘している(Beaussant 1992: 378–383)。宮廷バレエが発展するにつれて、人々の意識が人を見ることからイメージを見ることに変わっていった。人々の意識がイメージを見ることに移っていったことによって王は自分という人間を見せることを止めたという考えである。「人を見ることからイメージを見ることへ」という表現は少しわかりにくいかもしれない。簡単にいうなら、バレエが舞踏会から演劇的なものへと変化したということである。その大きな変化と呼応するのがバレエを踊らないという王の決断である。

以上の考えを参考にして考え私見を述べてみたい。「ブリタニキュス」との関連についてはクーヴリューの意見に賛成である。ボーサンの意見についてもおおむね同意できるが、若干つけ加えることがある。ボーサンは人を見ることからイメージを見ることへの変化を挙げている。一六七〇年頃に、人を見ることを中心とする舞踏会としてのバレエからイメージを見ることを本質とする演劇的なバレエへとの大きな変化があったことには同意できるが、では、それ以前のバレエは人を見ることを本質としていたのだろうか。それよりもむしろ、それ以前のバレエはそもそも見ることではなく参加することを本質にしていたのではと思う。例えば、日本の例で町内会の盆踊り大会を考えてみよう。この催しによって町内という集団の結束が強まるわけであるが、その踊りは見るためではなく参加するためにある。徳島県の有名な阿波踊りの歌の歌詞に「踊る阿呆（あほう）に見る阿呆、同じ阿呆なら踊らな損々」というのがある。この歌詞はこの踊りの本質が参加にあることをよく言い表している。さらに、「阿呆（あほう）」という言葉は、この踊りが理性と対立する狂気の側に属することを示し、カーニヴァルを彷彿とさせる。世界の様々な舞踊を分析してみれば、「見る」と「参加する」との二つの要素が混在すると思うが、「見る」ことを本質とした芸術鑑賞の対象としてのバレエが成立していったのがフランスではこの時期であり、ルイ十四世は意図的にその成立を助けたことになる。参加する宮廷バレエをやめて鑑賞するバレエを発展させるために国家政策として王立舞踏アカデミーを創ったこともその一環と考えられる。その意味では、クリストゥの指摘、舞踏技術の専門化が王のバレエ引退の原因という説も妥当なものであろう。

それでは「見る」ためのバレエにおいて王のイメージとして相応しいものは何であろうか。逆説的ないい方になるがそれは「不可視性」つまり、見えないことであったと思う。王は見えないことこそ相応しい。それゆえ、公の前で自ら踊るのを止めたということである。支配者は見られてはいけない。このことをテーマとしているのが白石論文（白石 1991: 9–17）である。ここでは、支配とは見ることであるというミシェル・フーコーの考察（『監獄の誕生』）に依拠してこのことが論じられている。

しかし、さらにもう一歩考えを進めるとルイ十四世は見る支配者としてのイメージをこえて、「見る・見られる」という対立をこえた光源としての太陽のイメージを追求している。

〈夜のバレエ〉の昇る太陽に扮した王は太陽のイメージを担った存在として自らの姿を人々に見せた。しかし、絶対王政の王はイメージとしての太陽をこえ、人が見ることのできない光源としての太陽へと移行する。つまり、光としての太陽である。我々が全てのものを見ることができるのは光があるからなのであるが、光そのものは見ることができない。ルイ十四世が自ら出演して踊った最後のバレエ〈素晴らしき恋人たち〉の最終場面のアポロンの台詞にこのことがはっきりと述べられている。

私が明るさの源だ、
そして、最も誇り高き星たちは、
私のまわりを美しくまわり、
光輝き、尊敬されるが、
それは私が星たちに与える輝きによってのみ。

Je suis la source des clartés,
Et les astres les plus vantés,
Dont le beau cercle m'environne,
Ne sont brillants et respectés
Que par l'éclat que je leur donne. (Molière 1979: 63)

王が踊るのを止めた一六七〇年の前年一六六九年に「オペラ・アカデミー」が設立され、フランス・オペラが創設されて定期的な上演が始まった。一六七〇年に王が踊らなくなったので宮廷バレエは消滅したが、バレエそのものはオペラに吸収されてオペラの中で素人の貴族によってではなく専門のダンサーによって踊られるようになった。こうなることによってバレエは完全に見られるものになった。そして王は、この可視性を可能にする不可視の光源になったのである。

一六七二年からリュリが音楽監督となってフランス・オペラの歴史が本格的に始まる。次節では、このフランス・オペラの形成を準備したもう一つの要素、コメディ・バレエについて述べておくことにしたい。

6　コメディ・バレエ

コメディ・バレエの誕生

宮廷バレエの上演に参加することによってルイ十四世に近づいたリュリがさらに王との関係を深めるに至った重要な活動として、「コメディ・バレエ」の作曲がある。「コメディ・バレエ」は音楽のつく劇であるが、作品全般を通じて音楽が作曲されるわけではなく部分的である。序曲、歌、バレエが作曲され、その他の部分は普通の台詞で語られる。オペラの定義は作品の全体を通じて台詞の部分にも一貫して音楽がつけられた音楽劇である。台詞に音楽の伴奏をつけた語りに近い部分をイタリア語でレシタティーヴォというが、そういう形ですべての台本に音楽がつくのである。オペラはその定義からして、その中に音楽のつかない普通の台詞部分は存在しない。それゆえ、「コメディ・バレエ」というジャンルはまだオペラではないが、一貫した筋をもつ劇が存在するという点が、それまでの宮廷バレエの構造と異なる点である。その意味で、一貫した筋にすべて音楽がつけられるオペラの準備としての役割を担ったと言える。「コメディ・バレエ」の統一性の軸となるのはコメディ（喜劇）の筋であり、この筋との関連を保ちながら歌やバレエが挿入される。この筋の台本を書いたのがモリエールである。一六六四年から一六七〇年まで、モリエールと組んで「コメディ・バレエ」の作曲をリュリが担当したことには大きな意味があった。リュリはジャン＝バティスト・リュリといい、モリエールは芸名で実名はジャン＝バティスト・ポクランというので、この組み合わせは「二人のバティスト」と言われて成功を収めた。

美術を志す人の多くは、デッサン課題のモデルの石膏像としてモリエールを知っている。若い頃のモリエールだと思うが長い髪の青年である。なぜモリエールの胸像がデッサンのモデルになっているのだろうか。それは十八世紀の終わりごろにできたフランスの美術学校での教育に起源があるようである。当時の美術学校ではフランス文化の黄金時代、ルイ十四世の時代の文化人をデッサンのモデルとして選んだ。自国の文化に誇りをもたせる意味があったと思われる。

モリエールはピエール・コルネイユ（一六〇六〜八四）、ラシーヌと並んでルイ十四世の時代の三大劇作家の一人に数えられ、喜劇作家として活躍した。最初期のパリでの失敗、南仏での十二年にわたる活動を経て、一六五八年にパリに戻ってくる。そのご、ルイ十四世の弟であるフィリップ一世に認められ、それを通じてルイ十四世に認められる機会を得てからは成功への道を歩む。その過程で一六六一年からリュリ、ピエール・ボーシャン（一六三一〜一七〇五）との共同で「コメディ・

バレエ」という新しいジャンルの制作が始まったのである。このジャンルの第一作が〈はた迷惑な人々（*Les Fâcheux*）〉であった。

しかし、リュリが本格的に作曲を担当するのは一六六四年の第二作の〈強制結婚〉からであって、〈はた迷惑な人々〉ではまだごく一部しか作曲していない。はた迷惑な人物の一人である作曲家が披露する新しい舞曲の「クーラント」だけがリュリの作曲で、ほかの曲はボーシャンが作曲している（Beaussant 1997: 286〔〈はた迷惑な人々〉のスコア（Beauchamp 1681）にそう記されている〕）。全体はプロローグと三幕からなり、三幕全体を通じて十人のはた迷惑な人が出てくるがそのうち二人が女性、八人が男性でそれら八人のすべてをモリエールが演じている。

筋は非常に単純である。若い貴族のエラストはオルフィーズと結婚したいのだが、オルフィーズのおじで後見人であるダミスに反対されている。ある日、エラストがオルフィーズに会いにゆこうとすると次々と邪魔をするはた迷惑な人々が現れてなかなかオルフィーズの家にいけない。ようやくオルフィーズの家に着くとそこにはダミスがいて暴漢に襲われそうになっている。それをエラストが助け、そのおかげでオルフィーズとの結婚が許され、めでたし、めでたしという結末になる。これら三幕の最後にそれぞれ関連するテーマのバレエが挟まれる。

「コメディ・バレエ」の誕生は、財務卿で当時最高の金持ちと言われたニコラ・フーケ（一六一五～八〇）の依頼によるものだった。彼はその財力を駆使してパリの南東五十キロメートルに位置するセーヌ＝エ＝マルヌ県のマンシーという地域にヴォー＝ル＝ヴィコント城を建設した。この城は、建築家のルイ・ル・ヴォー（一六一二～七〇）、造園家のアンドレ・ル・ノートル（一六一三～一七〇〇）、画家のシャルル・ル・ブラン（一六一九～九〇）など、当時の最高の芸術家たちを雇って建設されたもので、建物や庭園は十七世紀のバロック様式の確立を示すものとされている。一六五六年から建設が始まり一六六一年に完成した。完成した城にフーケは国王ルイ十四世を招待した。王を歓待するために豪華で贅沢な祝祭が催された。ル・ノートルのデザインした素晴らしい庭園を散歩したあと、夜食が振舞われ、それが済むと野外にしつらえた劇場で演劇が上演された。この演劇こそ今までにはなかった新しいジャンル「コメディ・バレエ」の〈はた迷惑な人々〉（モリエール 2000: III, 71–131）であり、創作を委嘱されたのはモリエール（台本）、リュリ（音楽）、ボーシャン（音楽、バレエ）であった。ただし、ルイ十四世を賛美する内容のプロローグはフーケの官房長ポール・ペリッソン（一六二四～九三）が書いている（モリエールは、〈はた迷惑な人々〉の序文でペリッソンがプロローグを書いたと述べている）。

ルイ十四世はこの祝祭の豪華さを危険視し、フーケを失脚させる決意をした。一六六一年はマザランが死去し、ルイ十四世が親政を始めた年である。これまでマザランに取り入ることによって政治的な地位を高め私腹を肥やしてきたフーケがこれからはルイ十四世に気に入られなくてはならないと感じ取ったことがこの豪華な祝祭の目的であったのかも知れない。しかし、これは全く裏目に出た。ヴォー＝ル＝ヴィコント城での祝祭の一カ月後一六六一年の九月にフーケは公金横領罪で逮捕されそのご三年にわたる裁判の結果、一六六四年の十二月に国外追放の判決が下された。しかし、ルイ十四世は国王権限によって、これを終身刑に変更した。国外追放ではフーケがその地で味方を増やして復活することを恐れたのである。フーケは一六八〇年にイタリアにある牢獄で死去した。この一連の策略で中心的な役割を果たしたのがフーケの政敵であったジャン＝バティスト・コルベール（一六一九〜八三）である。コルベールはフーケにかわって財務行政の実権を握り一六六五年には財務総監に就任し、重商主義政策をおこなったことで有名である。また、ルイ十四世によって重く用いられ、これ以後、芸術を奨励するルイ十四世のイメージを広めるという国家政策の推進においても重要な役割を果たした。

フーケに先をこされてしまったルイ十四世は、フーケを退けてから着々と自らの芸術政策を始める。王はこのときフーケの祝祭の実行に加わった芸術家たちをほとんどそのまま自らの家臣として以後の芸術奨励政策を進めている。父王ルイ十三世の狩猟のための離宮であったヴェルサイユ宮殿の改築・増築が一六六一年から始められた。その際用いられたのは、建築家のル・ヴォーを始めとして、ほとんどフーケのヴォー＝ル＝ヴィコント城に携わったのと同じ芸術家たちであった。まだ建設途中のヴェルサイユ宮殿において大規模な祝祭〈魔法の島の喜び〈*Les Plaisirs de l'île enchantée*〉〉がおこなわれたのは一六六四年五月である（Couvreur 1992: 152–154）。

「ドン・ジュアン」

「コメディ・バレエ」は喜劇とバレエの合体というこの時代に特有の課題を担ったジャンルである。モリエールは、この新ジャンルの共同創作に加わったという意味で重要な存在であるが、それだけにとどまらない。ときに冷徹ともいえるような批判精神をもって人間存在を描き出すところも彼の戯曲の、時代をこえた魅力の一つである。それゆえ、ここでは少し「コメディ・バレエ」から離れ、モリエールの三大性格喜劇と言われている作品の中から「ドン・ジュアン」を取り上げてモリエールの魅力について考えてみたい。この話のもとになっているのはスペインのティエルソ・デ・モリーナ（一五七九〜一六四八）の戯曲『セビーリアの色事師と石の客』（モリーナ 2014）である。この話の主人公、ドン・ファン（スペイン語ではドン・ファンとなる）はプレイボーイで、誘惑した女性の父親を殺してしまう。その父親の石像をふざけて宴会に招待したところ本当に石像が現れ、地獄に連れ去られたという話である。この話が多くの作家の創作のインスピレーションとなり同様の戯曲が多く書かれている。中でも有名なのがモリエールのこの戯曲（一六六五年）とヴォルフガング・アマデウス・モーツァルト（一七五六〜九一）のオペラ〈ドン・ジョヴァンニ〉の台本（ロレンツォ・ダ・ポンテ（一七四九〜一八三八）作、イタリア語、一七八七年作）である。

モーツァルトのオペラ〈ドン・ジョヴァンニ〉とモリエールの「ドン・ジュアン」を比較してみ

ると、同じスペインの話に基づいているにもかかわらず、各作品のテーマが非常に異なっているという印象を受ける。モーツァルトのオペラではドン・ジョヴァンニに誘惑され捨てられたドンナ・エルヴィーラという女性の心理描写が強調されている。彼女は自分を捨てたドン・ジョヴァンニを憎みながらも彼を愛する心を捨てられない女性として描かれている。第二幕で彼女がこの心境を歌う有名なアリア（第二幕第十四場、第二十一b曲）があるが、モーツァルトは特に力を入れてこの曲を作曲している。この複雑な女心の表現がこのオペラの聴きどころの一つだといっても過言ではないであろう。

それに対して、モリエールはどうであろうか。もちろん、ドン・ジュアンはプレイボーイであるがそれだけではない。無神論者としても偽善者を告発する人としても描かれている。つまり、ドン・ジュアンは愛も神も善も信じない男なのである。その男が石像によって地獄に連れていかれてしまったとき、人々はどうしたか。モーツァルトの〈ドン・ジョヴァンニ〉では悪人が滅んでよかったとみんなが喜んで終わりである（最終場の六重唱〈悪者の終わりはこの通り（Questo è il fin di chi fa mal）〉）。モリエールの結末はもっと複雑である。ほとんどの人が喜ぶのだが、召使のスガナレルだけが悲しんでいる。これを見て観客はどう思うか。どうしてもほろっとしてしまう。ここで観客をほろっとさせるのが役者の演技力でもある。そうさせておいて、彼はこう叫ぶ。「おれの給料！おれの給料！」。長年仕えたご主人様の死を悲しんでいるかと思ったら、そうではない。給料を払ってくれる人がいなくなって悲しんでいたのだと観客は気づく。観客はスガナレルの中に人間的な心があったと信じた、又は、信じたかった自分の甘さをモリエールによって鋭く突かれて幕切れとなる。信じられるものは何もないのであろうか。いや、一つだけある。「給料」、つまり、お金である。こんなことも考えさせられる（Molière 1979）。

こう考えてくると、モリエールは自分の生きていた貴族の社会が革命によって壊されたのちの時代、ずっと先の資本主義社会の原理を先取りして表現しているとも言えよう。そんな人物がなぜルイ十四世によって気に入られたのかという素朴な疑問も沸き起こる。それに対してはこう答えることができるのではないか。

貴族とブルジョアの対立の上に立つ絶対王政

ルイ十四世は絶対王政を確立した王である。絶対というのは他から切り離された強力な権力をもったという意味である。王も貴族の一人であったのだが他の貴族とは隔絶した強大な力をもたないと「絶対」王とは言えない。それをどうやって実現したかというと、当時勢力を伸ばしつつあった市民（ブルジョワの訳。ブルジョワはブール（市、町）に住む人のことで、市民、町人と訳される）と貴族をうまく対立させてバランスをとりつつ両者がともにあまり力をもたないようにするという方策をとったのである。貴族の勢力が強くなりすぎると思ったら市民の味方をし、市民の勢力が強くなりすぎると思ったら貴族の味方をする。絶対王にとってはその両方の勢力の存在が必要なのである。そこに、ルイ十四世がモリエールを必要とした理由があると思う。市民の多くは職人や商人である。モリエールの家系は裕福な商人であり、作品は商人の感覚を鋭く表現している。こう考えれば、モリエールには驚くほどの新しさがありつつも、絶対王にとって利用価値があったということが理解できるのではないか。モリエールとの共同制作時代のリュリも同様の役割を担っていた。フィレンツェの粉屋の息子として生まれたリュリにもその素質は充分にあった。もちろん、この政策は危ういバランスの上に成り立つものではある。十八世紀の後半になるとそのバランスが崩れ、市民の力が増してゆく。その頂点で貴族政治を破壊する革命がおき、近代的な市民社会が始まった。ここにそれ以後の資本主義社会の出発点がある。

こうした大きな歴史の流れの中で見ると、一六六一年にフーケが失脚した出来事も新たな光のもとに見えてくる。フーケ失脚はルイ十四世の単なる「嫉妬の感情」という個人的な理由だけでおこなわれたのではなく、「王の親政政策の第一歩」という意味をももち合わせている。一六六一年はそれまで実権を握っていた宰相マザランが死去し、「絶対王」を目指してルイ十四世が親政を開始した年である。その年に貴族出身のフーケを失脚させ、ブルジョワ出身のコルベールを財務行政の中心に据えたのである。市民出身の有能な人材の重用の始まりである。この時期がちょうどコメディ・バレエの誕生と発展の時期と重なるのも全くの偶然ではないであろう。この流れが大きく変わるのが一六七二年にフランスがオランダに宣戦布告して始まったオランダ戦争のころである。一六七二年といえば、リュリがオペラ座の音楽監督になった年であるが、ここでリュリの音楽家としての活動は大きな転換をすることになる。その話は次章に譲ることとし、リュリとモリエール（二人のバティスト）の共同制作による最後のコメディ・バレエであり、最も良く知られていると思われる〈町人貴族〉を見ておこう。この作品は一六七〇年の作であるが、この年は、先に「宮廷バレエ」の節で考察したルイ十四世が踊り手として公の場で踊った最後の作品〈素晴らしき恋人たち〉が二人の共作として作られた年でもある。

〈町人貴族〉

バロック時代が終わってこの時代のオペラやバレエに対する関心が薄れた時代には、音楽やバレエをカットして喜劇のみを上演するような慣習もあった。当時の上演形態をなるべく忠実に再現しようという試みが起こってくるのは二十世紀も終わりに近づいてからのことである。第二章第四節で考察する〈アティス〉が、一九八七年にリュリの没後三百年を記念してウィリアム・クリスティの指揮によって上演され、評判になった。この出来事が、初演当時の再現を目指す方向の草分けとなった。この流れの中で二〇〇四年十一月にヴァンサン・デュメストルの芸術総監督、バンジャマン・ラザールの演出、セシル・ルーセの振付によって当時の形態を再現することを目標とした〈町人貴族〉の上演の収録がパリのトリアノン劇場でおこなわれ、ＤＶＤ（Alpha 700）が制作された。初演当時の再現ということで音楽やバレエも省略せず、台詞の発音や照明にも意が用いられ、照明はすべて蠟燭である。

　この再現の理念については、芸術総監督デュメストルの興味深い発言があるので、紹介しておきたい。このＤＶＤには付録として練習風景の記録映像（「モリエールとリュリの子供たち（Les enfants de Molière et de Lully）」）がつけられている。その中でデュメストルは、「初演当時の再現を目指すという姿勢は決して歴史的な再現が目的なのではなく、考古学的な仕事でもない。古楽の再解釈は一つの現代芸術として新たな創造へとつながるものである」と語っている。

　ではリュリとモリエールの合作〈町人貴族〉を見てゆこう。町人と訳されているフランス語は「bourgeois（ブルジョワ）」である。タイトルが示すようにテーマとなっているのはまさに、ブルジョワと貴族の関係である。話の内容は、お金がたくさんもうかって貴族になりたがっている町人、ジョルダンという男にまつわる滑稽な話である。当時貴族の称号をお金で買うことも可能ではあったようだがそう簡単ではない。貴族は原則として家柄・血筋できまるもので各人の能力で決まるものではないからである。ジョルダンはその無理なことをやろうとしている。そこに喜劇の題材になるようなおかしな出来事が持ち上がる。序曲と全五幕で構成されている。

　もう一つ、この話の筋の中で特筆すべきは、トルコを嘲笑するような場面があることである。第四幕の終わりにそれがある。貴族になりたいジョルダンは自分の娘を貴族と結婚させたいと思っているがなかなかうまくいかない。娘の恋人クレオントは貴族ではないので、トルコの貴族に変装して結婚の赦しを得ようとたくらむ。その中で、自分との結婚を許してくれればトルコの爵位を義父となるジョルダンに授けると嘘を言って貴族になるための儀式をおこなう場面が第四幕の最後に設定される。

幾つかコメントを加えておきたい。序曲のあと、幕が開くと、歌いながら作曲をしている人物がでてくる。ジョルダン家に雇われている作曲家の弟子が課題として与えられた恋の歌を作曲している。ジョルダンが作曲家を雇っているのも貴族の真似である。作曲途中の歌を聴いてみるとどこかで聞いたような歌である。第一章第四節で取り上げた宮廷歌謡に似ている。歌詞を見てみよう。ウ、ウ、ウとかラ、ラ、ラなどの意味のないヴォカリーズのような部分も含まれているし、繰り返しも多いので意味のある部分のみを訳しておくと以下のようになる。

私は夜も昼も思い悩んでいる。
私の悩みははなはだしい。
あなたの美しい瞳が私を虜にした。
愛する美しい人よ、
あなたを愛している人に
こんな仕打ちをするのなら、
敵に対してはどんな仕打ちを
するのでしょうか。

Je languis, je languis nuit et jour, ou, ou, ou,
Et mon mal est extrême ou, ou, ou, ou, ou, ou, me.
La, la, ta, ta, la, la, vos beaux yeux m'ont soumis, m'ont soumis
Si vous traitez ainsi, belle Iris, ainsi, belle Iris, qui vous aime,
Ta, ta tay, qui vous aime, hélas, hélas, Que pourriez-vous, fera, fera
Hélas que pourriez-vous faire à vos ennemis, ou, ou, nemis,　Ta, ta, la, la, lay,
Si vous traitez ainsi, belle Iris, qui vous aime
Ou, ou, ou, ou, hélas, hélas, que pourriez-vous faire, que pourriez, pourriez, hélas,
Que pourriez-vous faire à vos ennemis, vos ennemis.　(Édition Nicolas Sceaux: 8–9)

宮廷歌謡の典型的な恋の悩みの歌である。そのあとには、普通の台詞の部分が続く。主要な部分には音楽がつかず普通の演劇の台詞で進み、物語の展開として歌やバレエが入るときにのみ音楽が出てくるのがコメディ・バレエの様式である。この点がコメディ・バレエとオペラとの様式上の大きな違いであることはすでに述べた。台詞の部分が始まった冒頭での音楽教師とダンス教師の対話では、モリエールのテーマともいえるお金の問題が出てくる。二人ともジョルダン氏に雇われて十分に給料を払ってもらい安定した生活ができるようになったことを喜んでいる。しかし、ダンス教師は成金のジョルダン氏に不満があるようである。芸術的審美眼に欠けるというのである。音楽教師は、それは高望みで、審美眼はあってもお金のない貴族よりは審美眼に欠けてもお金のあるブルジョアに仕える方が良いという。結局結論は出ないが、当時の芸術を生業とする者の悩みが垣間見えるようである。そして、この問題は現代にも通じるものではないか。

第四幕の最終場が問題のトルコの儀式の場面である。こういう場面をモリエールが挟んだことには訳があった。鈴木力衛訳の『町人貴族』(岩波文庫)の「あとがき」で、次のようなエピソードが紹介されている。一六六九年にトルコの使節ソリマンと称する人物がパリにやってきた。ルイ十四世は豪華な饗宴で迎えたがソリマンは感動する様子も見せなかった。この出来事を契機としてルイ十四世はモリエールにトルコを嘲笑するような喜劇を作れと命令した。それで出来上がったのがこのコメディ・バレエであるという話である。しかし、鈴木氏自身は、王の命令が〈町人貴族〉にトルコの儀式を入れた唯一の理由であったかどうかには疑問を呈していて、当時、トルコというテーマは流行であったともつけ加えている。この作品成立の背後にルイ十四世の「腹いせ」という動機があったかどうかは別として、ソリマンの来仏と〈町人貴族〉の制作が密接な関係をもっていたことは確かである。ルイ十四世に仕えていてソリマンの通訳をも務めた騎士爵ロラン・ダルヴュー(一六三五～一七〇二)が『回想録』を残していて、その中にサンジェルマンの離宮での饗宴の様子、そのご、王の命令でモリエールとリュリに加わってトルコの儀式の場面を作るのを手伝ったことが書かれている(d'Arvieux 1735: T.4, 57–)。ついでに述べておくとこのソリマンという人物はトルコからフランスに初めてコーヒーをもってきた人物としても知られている(ペンダーグラスト 2002: 34)。

第五幕で、ジョルダンの娘の結婚が決まるとお祝いのバレエが踊られる。諸国民のバレエというタイトルで、スペイン、フランス、イタリアなどのバレエが踊られるが、イタリアの場面を見てみよう。まず、恋の歌が歌われたあと、ギタリストが登場してから、シャコンヌが踊られる。シャコンヌという音楽形式はすでに宮廷歌謡にも出てきたが舞曲のみならず当時様々なジャンルで用いられた形式である。三拍子系で、同じ低音部が繰り返される上で上声部が変奏を繰り広げるという形式である。舞曲としても当時しばしば登場し、名曲も多く、音楽劇では結婚式の場面でよく踊られる。

リュリとモリエールのコラボレーションはこの〈町人貴族〉を最後に終わってしまう。二人の仲が悪くなったことが原因と言われているが、その理由の一つとしてリュリの関心がオペラに移っていったことが重要であろう。そこで、次に、リュリによるオペラの作曲の始まりについて述べることにしたい。

第2章 フランス・オペラの確立

これまで我々は「イタリア・オペラ」「宮廷歌謡」「宮廷バレエ」「コメディ・バレエ」について見てきた。これらすべては、フランス・オペラが形成されるための材料を提供した重要な要素になっている。何もないところからいきなり新しいものが生まれるわけではなく、これらの要素の集約の上にようやくフランス・オペラが出来上がったわけである。

ここで、フランス・オペラという言葉の意味を確認しておきたい。定義としては、フランス語の台本に最初から最後まで一貫して音楽のつけられた音楽劇をフランス・オペラと呼んでいる。イタリア語の台本ならイタリア・オペラ、ドイツ語ならドイツ・オペラ、日本語なら日本・オペラという考え方が基本である。しかし、個々の事例を考えてみるとそう簡単でもない。たとえば、モーツァルトの作曲した〈ドン・ジョヴァンニ〉の台本はイタリア語であるが、イタリア・オペラなのかドイツ・オペラなのかオーストリア・オペラなのか議論が分かれるかもしれない。しかし、ここでは話を単純化して、フランス語の台本に一貫して作曲された音楽劇をフランス・オペラと呼ぶことにしたい。ルイ十四世は国家政策としてフランス・オペラを成立させたが、その過程はそれほど簡単にはいかなかった。リュリがオペラ座の音楽監督になるまでのいきさつを見ておこう。

1　リュリがオペラ政策の実権を握るまで

リュリとモリエールの仲たがい

リュリとモリエールの共作による〈町人貴族〉は一六七〇年が初演であった。この作品がこの二人の合作の最後である。このころから、二人の関係はうまくいかなくなり、リュリとの共同制作ができなくなったモリエールは、リュリの代わりにマルカントワーヌ・シャルパンティエ（一六四三～一七〇四）を作曲家として選んでいる。例えば、シャルパンティエが作曲した、モリエールの喜劇〈強制結婚（*le mariage forcé*）〉の新しい幕間劇がある（Intermède nouveau pour *Le Mariage Forcé*）。わざと音程を狂わせたり、動物の鳴き声をまねたりすることで滑稽さを出している（LP: Charpentier 1982 所収）。リュリとモリエールの仲たがいの本当の理由はよくわかっていないが、この頃からリュリは王立オペラ座の音楽監督の座を密かに狙っていたようである。

ペランとカンベールに先をこされる

実はフランス・オペラを上演する「オペラ・アカデミー」は一六六九年にすでに設立されていた。ルイ十四世による設立の許可を得たのはロベール・カンベールで、上演されたフランス・オペラは、ピエール・ペランの台本、カンベールの作曲による〈ポモーヌ〉という作品であった。〈ポモーヌ〉はフランス語であるが、ローマ神話に出て来るポモナ［ラ］の話を題材としている。ポモナは森の妖精で果物の栽培を司る女神である（図2-1）。ポモナに恋をしたのがウェルトゥムヌス［ラ］（ヴェルテュムヌ［仏］）という四季を司る神。ウェルトゥムヌスは変身の能力があったので老婆に姿を変えてポモナに求愛し成功したという話が伝わっている（Met II: 283–287）（図2-2）。四季と変身がどう関わるかというと、恐らく、両方とも変化する力によっ

図2-1 ニコラス・フーシェ
〈ポモーヌ〉

図2-2 フランチェスコ・メルツィ
〈ポモナとウェルトゥムヌス〉

て引き起こされるという共通点があるところから同じ神の属性になっているのだと思う。ウェルトゥムヌスは変化の神なのである。

リュリが実権を握る

ペランの台本、カンベールの作曲による〈ポモーヌ〉の成功を見たリュリは、それまでの考えを改めたようである。もともとイタリア出身だったリュリはフランス語のオペラに関してはうまくいかないのではという否定的な考えをもっていたといわれている。ところが〈ポモーヌ〉の成功を見て、そうでもなさそうだということがわかったので、自分もフランス語のオペラを作曲しようと思ったのだと推測される。しかし、王立オペラ座の上演権者にはペラン、音楽監督にはカンベールがすでに就いていた。最終的にリュリは一六七二年にペランから上演権を買いとるという形で、一六七二年に新たにルイ十四世から「王立音楽アカデミー」を設立する権利を獲得した。リュリがこのためにどのような策略をめぐらせたのかはわかっていないが、様々な陰謀について憶測がされている。こうして、リュリは、台本作家としてキノーを選び、以後一六七三年から一六八六年に至る十三年間、ほぼ毎年一曲ずつオペラを作曲し上演をおこなっている（すべて台本はキノー）。これから、リュリの一作目のフランス・オペラ〈カドミュスとエルミオーヌ〉（一六七三）、二作目〈アルセスト〉（一六七四）、四作目〈アティス〉（一六七六）、最晩年の作品〈アルミード〉（一六八六）を順番に取り上げて見てゆきたい。

考察の対象としてこの四作品を選んだのは、フランス・オペラ形成過程の出発、模索、完成への道筋を良く示す例だからである。まず、一作目の〈カドミュスとエルミオーヌ〉は、「確立されたフランス語の最初のオペラ」として重要である。確かに、フランス語による最初のオペラ（台本の全体に一貫して音楽のつけられた劇）は〈ポモーヌ〉ではあるが、この作品の台本については全体が残っている（構成はプロローグと五幕からなる）ものの、楽譜についてはプロローグ、第一幕と第二幕の最初の部分しか残っていないので、音楽の全容を知ることができない。なぜ音楽部分の楽譜の全体が残っていないのかの理由は不明だが、楽譜の欠如に関してはリュリの関与があったのではという憶測もできる。さらに、楽譜の表紙に記されたジャンル名を見ると〈ポモーヌ〉は「音楽牧歌劇（Pastorale mise en musique）」となっていて、リュリのオペラの場合の「音楽悲劇（Tragédie lyrique、又は Tragédie mise en musique, Tragédie en musique）」とは異なっている。よって、厳密に言えば、フランスの「音楽悲劇」としての「オペラ」の誕生はリュリによってなされ、その最初の作品が〈カドミュスとエルミオーヌ〉であるということになる。それに続く二作目の〈アルセスト〉は、滑稽な部分やダブル・プロット（交わることのない二つの筋）をもつ異色な作品である。また、当時の文化人の間にオペラの是非に関する論争を引き起こした点でも見落とすことができない。次に取り上げる〈アティス〉は、「王のオペラ」と呼ばれ、ルイ十四世が最も好んだオペラであるという点でも興味深いのだが、さらに、最後に取り上げるリュリのオペラの到達点である〈アルミード〉を先取りした内容であることも重要である。これら二作をあわせて検討することによってリュリとキノーの目指したバロック・オペラの深みを探ることができるであろう。

それでは、まず〈カドミュスとエルミオーヌ〉から見てゆこう。

「音楽悲劇」の誕生

2　〈カドミュスとエルミオーヌ〉

題材になっているギリシア・ローマ神話

〈カドミュス（カドモス［ギ］）とエルミオーヌ（ハルモニア［ギ］）〉の台本もギリシア・ローマ神話が題材となっている。オペラの台本とギリシア・ローマ神話を比較してみると、神話にある二つの話が混在していることがわかる。

一つはギリシア神話の最初にある天地創造の神話の中のエピソードである。天地が創造されて人間が住むようになると、黄金時代、銀の時代、真鍮の時代、鉄の時代と変化した（Met I: 14–17「人間の誕生、四つの時代」）。良い時代からだんだん悪くなって、鉄の時代には憎しみと争いの時代になってしまったので、ジュピテル（ゼウス［ギ］、ギリシアの神々の中でも非常に強い力をもつ神で、雷を落とすことができる）が怒って洪水を起こして人間の世界を滅ぼそうとする（Met I: 22「大洪水」）。

洪水のあとの沼地からピュトンと呼ばれる恐ろしい大蛇が出現しパルナッソス山（神々の住む山）の洞窟に隠れる。その大蛇に矢を放って射殺し退治したのがアポロンである（Met I: 30-31「ピュトン」）。アポロンはジュピテルの息子で母親はレト（ラトナ［ラ］）。アポロンは太陽神であり、芸術の神でもある。そのため、ルイ十四世をアポロンとして表現することがオペラでしばしばおこなわれた。ルイ十四世は自らを太陽王と呼び、芸術奨励政策をとったからである。このオペラでもプロローグでルイ十四世をアポロンに見立て、大蛇ピュトン退治の話を題材としている。

もう一つの神話は、タイトルになっているカドミュスの話である（Met I: 97–103「カドモス」）。カドミュスにまつわる話の要点は次の三つである。

一、妹エウロープ（エウロペ［ギ］、エウロパ［ラ］）探し。
二、泉の近くの洞窟に住む大蛇退治。
三、テーバイに建国し、エルミオーヌと結婚。

プロローグの役割

先ほど述べたように、プロローグの題材はアポロンの蛇退治である。本筋の一幕から五幕までがカドミュスの話になる。プロローグと、本体のカドミュスの話とは、厳密にいえば別の話であるので、一貫した筋の流れを期待して見ていると何かよくわからなくなる。敢えてつながりを見つけようと思えば「大蛇退治」という要素は共通していると考えることもできるが、それらはもともと別の話である。こうしたことはバロック・オペラのプロローグにはよくあることである。むしろ、本体の筋と密接に関係するプロローグのほうが少ないといえる。プロローグは現実のできごとと劇世界とをつなぐ役割をもっている。プロローグで我々が強く感じるのは実在のルイ十四世である。第一幕から本筋が始まると、カドミュスがルイ十四世と直結するかというとそこまではいえない。大蛇退治、建国というようなイメージが漠然とプロローグで描かれたルイ十四世を思い出させはするが、どちらかといえば現実世界ではなくあくまで劇世界のカドミュスとして見る要素が強くなる。

本体のあらすじ

では、先ほど挙げたカドミュスにまつわる話の三つの要点がどのように組み合わされてオペラ本体の筋が形成されているかを見てみよう。

一幕に登場するカドミュスは妹エウロープを探すために旅に出ている。ところがその旅の途中で巨人によって捕らわれの身になっているエルミオーヌのことを好きになる。それで、妹探しを止めてしまう。ここで、この恋愛に関して「カドミュスの邪魔をする女神ジュノン（ジュピテルの正妻、ヘラ［ギ］）」と「カドミュスに味方する女神パラス（アテナ［ギ］の別称、ジュピテルの娘、都市の守護神）」という構図が示されて、第一幕が終わる。

第二幕ではカドミュスが大蛇（ドラゴン）退治にゆく決心をする。エルミオーヌはカドミュスを引き留めるがカドミュスは出発してしまう。愛の神アムール（エロス［ギ］、キューピッド［英］）がエルミオーヌを慰めて第二幕は終わる。

第三幕はカドミュスが大蛇（ドラゴン）を殺す場面になる。

第四幕はカドミュスが大蛇（ドラゴン）の歯を抜いて地にまくと、地面から兵士たちが生まれる場面である。兵士たちは互いに戦って最後に五人が残る。この五人の兵士がカドミュスに忠誠を誓う。カドミュスは無事エルミオーヌのところに戻り、めでたしめでたしと思うのであるが、ここでジュノンによる邪魔が入り、エルミオーヌが連れ去られる。

第五幕。女神パラスの力でエルミオーヌが連れ戻され、二人は結婚する。この結婚式にはギリシアの神々が出席する。ギリシア神話では、カドミュスとエルミオーヌの結婚式は、オリュンポス（ギリシア神話に出て来る山の名前、ゼウスをはじめとした十二神が住んでいる）の神々が参列した初めての人間の結婚式と言われている（Bib: 124）のに則り、最後は神々の参列する結婚式で終わる。

バロック・オペラの筋の二重性

以上の説明でわかるように、〈カドミュスとエルミオーヌ〉はかなり複雑な筋である。神々の話と人間の話が重ねられているところに複雑さの要因がある。筋というのはいろいろな出来事が、因果関係でつながって結末に至ることで出来るわけだが、この因果関係を操っているのが人間ではなく実は神たちであるという二重性があるからである。しかし、この神話の世界と人間の世界の二重性がバロック・オペラの筋の特徴である。

なぜこのような筋が好まれるのか。もちろん、この問いに正しい答えを見つけるのは不可能であるが、いくつか考えられる説明を試みてみよう。一つには、貴族社会の芸術の特徴として説明できると思う。神話の知識がないと作品だけをただ見ていても理解できない。オペラでも絵画でも詩でも同じである。逆にいえば、ある作品を自分が十全に理解できたということは自分に神話の知識、すなわち、当時の貴族社会における教養があるということの確認になる。当時の貴族たちの芸術鑑賞には少なからずその確認をする場としての意味があったと思われる。そこには、それが理解できない人を貴族ではないとして排除する機能が、無意識ではあるかもしれないが、あったのではないか。そのため貴族たちは日ごろ神話などを勉強していたわけである。十八世紀の後半になって貴族ではない市民の芸術が盛んになってきたときに生み出されたオペラ・コミックではむしろ、神話の要素が排除される傾向がある。

また、この二重性の問題は、バロック様式全般における二重性の志向とも関係すると思われるが、この問題には最後のまとめの章で言及することにしたい。

エウロープの物語

さて、少し脱線になるが、そもそもカドミュスの妹エウロープはどうしていなくなってしまったのだろうか。実は彼女はジュピテルによってさらわれてしまったのである。そのため、兄がいくら探しても見つからない。ジュピテルは浮気者の神として有名である。ジュピテルはエウロープを誘惑するために白い牛に姿を変えて近づいた。油断したエウロープがその背にまたがると牛は海を渡ってクレタ島に連れていってしまう（Met I: 91-93）。そこでゼウスとエウロープは結ばれ、三人の息子が生まれる（Bib: 119）。ギリシアから見てクレタ島の方向は西方だったので、西方の地域は「エウロープ」と呼ばれ、これが今日の「ヨーロッパ」の語源となったといわれている。牛になったジュピテルがエウロープを連れ去る場面は多くの画家が題材として描いている（図2-3）。

図 2-3 シモン・ヴーエ〈エウロープ〉

カドミュスとエルミオーヌの孫アクタイオンの物語

脱線のついでに、カドミュスとエルミオーヌの孫アクタイオンの悲劇についても言及しておこう。

アクタイオンの死には、「欲望否定」を代表する女神ディアナが関わっていることはイタリア・オペラの節ですでに述べた。ある日、アクタイオンは森に鹿狩りに出かけるのだが、道に迷い運命の力に導かれて、ディアナとその従者のニンフたち（水の精たち）が沐浴をする泉に近づき、沐浴のありさまを見てしまった。これによってディアナの怒りに触れ、牡鹿に姿を変えられてしまう。どうしようかと森の中で逡巡している間に、狩りに連れてきていた犬たちに見つかってしまう。牡鹿を見つけた犬たちはご主人とは知らず獲物と思い、噛み殺してしまうという結末であった。

この話は、ディアナの処罰はあまりにも過酷であるということの一例となっているが、それと同時に祖父カドミュスの殺した大蛇の呪いとしても伝えられている。カドミュスがテーバイ建国の前に殺した大蛇はただの蛇ではなく軍神マルス（アレス［ギ］）の蛇であったため強い力をもっており、退治されたあとにもカドミュス一族に不幸な運命をもたらした。そのため、カドミュスの子孫は皆不幸せな死に方をするのだが、その一例が孫のアクタイオンの死である（Met I: 103–108「アクタイオン」）（図2・4）。

図2-4 フォンテーヌブロー派〈ディアナとアクタイオン〉（1550頃）

聴きどころ

〈カドミュスとエルミオーヌ〉のＤＶＤは、二〇〇八年に出ている。演出がバンジャマン・ラザール、指揮はヴァンサン・デュメストル。前出の〈町人貴族〉のＤＶＤと同様に当時のスタイルを再現することを理念としている。聴きどころを、ＤＶＤを参考にしつつ、解説してゆきたい。

序曲

オペラの始まりには管弦楽の演奏による序曲があるのが定形である。リュリは序曲の形式的なパターンを作り出し、このパターンは「フランス風序曲」と言われ、そのご多くの作曲家の手本とされた。曲の形式は前半と後半に分かれ。各部分をそれぞれ繰り返すので、ＡＡＢＢとなる。Ａ部分はゆっくり目で二拍子系、付点音符の音形♩.♪を使うのが特徴である。Ｂ部分は速くなり、三拍子系になる。これがフランス風序曲の構成である。

プロローグ

序曲が終わるとプロローグが始まる。バロック・オペラのプロローグは現実の世界と劇の世界をつなぐ橋渡しの意味をもつものであった。ここでは太陽王ルイ十四世の恩恵が全面に出されている。

善王ルイ十四世のおかげで国民は安心して幸せに生きていけるのだというメッセージである。最初は村人たち（国民）が豊かな自然を楽しんでいる穏やかな様子（村祭り）が描かれる。村人たちは太陽に感謝を捧げる。もちろん、太陽はルイ十四世を暗示するものである。しかし、途中で不穏な空気が流れると、恐ろしい大蛇ピュトンが出てきて闇へと変わる。太陽王を脅かそうとする神や風神が出てくるが結局は太陽王には勝てず、また、明るい空が戻る。この部分は、ギリシア神話のアポロンによるピュトン退治を暗示している。

太陽が戻る場面ではルイ十四世（アポロン）と思しき登場人物が宙づりの乗り物に乗って降りてくる。このような、鑑賞者の目を楽しませるような舞台装置も、かつて、マザランの招聘によってフランスにやって来たイタリア・オペラを想起させる。トレッリの舞台装置が音楽以上にフランスの聴衆を惹きつけたことは、フランス・オペラを成功させる要素として考慮されたに違いない。〈カドミュスとエルミオーヌ〉の舞台装置を担当したのはカルロ・ヴィガラーニ（一六二三又は三七～一七一三）である。このオペラの上演の準備のために、リュリとヴィガラーニがそろってシャルル・ペロー（一六二八～一七〇三）を尋ねたことがペローの回想録に書かれている（Perrault 1909: 129）。二人の訪問は、パレ・ロワイアルの大きな劇場を使う許可が得られるようにコルベールを通じて王に頼んでほしいという依頼をするためであった。自らの仲介によってこの願いが叶えられたとペローは書いている。

プロローグを聴いただけですぐわかることは、この段階ではまだエール（アリア［伊］）とレシタティフ〔レチタティーヴォ［伊］〕の区別がはっきりしていないということである。レシタティフの部分も語りというよりは、歌われる要素が強くなっている。これ以後時代がくだると歌と語りの部分の違いが次第に大きくなる傾向がある。

第一幕

カドミュスは妹のエウロープを探しに旅に出てきたのだが、その途中でエルミオーヌに恋をしてしまう。エルミオーヌにその気持ちを打ち明けるためにアフリカ人たちのディヴェルティッスマン〔愉しみのための会〕を利用する。ディヴェルティッスマンというのは「気晴らし」という言葉に由来し、気分転換のためのパーティーとして宮廷でおこなわれていた。歌を歌ったりダンスをしたりする。こういう催し物をオペラの筋に組み込むことは、ダンスを見せるための口実としてよくおこなわれた。もちろん、これはオペラ以前のコメディ・バレエでもすでに見られることで、〈町人貴族〉の第五幕でも結婚式のためのディヴェルティッスマンとして「諸国民のバレエ」が踊られている。アフリカ人たちのディヴェルティッスマンでは、アフリカ人たちのダンスとしてシャコンヌが踊られる。シャコンヌという楽曲形式はすでに宮廷歌謡のところでも、〈町人貴族〉でも出てきたが、低音部に同じ音形を繰り返し、その上で変奏がおこなわれる形式である。多くは三拍子系である。当時、好まれた形式で名曲も多い。このアフリカ人の踊りでもシャコンヌが使われ、楽しい曲になっている。

第二幕

第一幕でカドミュスとエルミオーヌはお互いの気持ちを確認したにもかかわらず、第二幕でカドミュスはドラゴン退治にゆく決心をする。悲しむエルミオーヌを、私がついているから大丈夫と愛の神アムールが慰める。愛の神アムールが助けてくれるということを合理的に説明すると、二人の愛の力によって困難が克服できると解釈できる。愛という抽象的な心を擬人化（擬神化？）して示すという手法はバロック・オペラの常套手段といえる。擬人化された愛、アムールは頭にハートをつけ、目隠しをしている。愛は盲目ということを表現しているのだと思う。

なぜ物語のプロットに神話を重ねるかという点についての一つの答えとして、当時の貴族趣味を挙げたが、それと同時にバロック様式における二重性の志向という観点も示唆しておいた。愛という感情を愛の神アムールと擬人化して示すことは二つのものを重ねるということである。それを鑑賞する我々の心は二つの方向に向かう。神話の世界と人間の心理の世界である。二つの世界をゆき来する心の動きとバロック様式の志向する楕円や力動性のイメージとの関連は第三章で詳しく考察することにしたい。

第三幕

ドラゴン退治に出かけたカドミュスがドラゴンを退治する場面。

第四幕

ギリシア神話に則って、カドミュスはドラゴンの歯を地にまく。そのときに助けてくれるのがアムールである。このオペラではアムールがカドミュスの守護神の役を担っている。歯をまくとそれが兵士となり互いに戦うが、残った五人がカドミュスの家来になる。ギリシア神話ではこの五人がカドミュスの家来となりテーバイを建国したことになっている。

そのご、テーバイはギリシア神話の重要な舞台になっている。例えば、現存するギリシア悲劇で最も有名だと思われるソフォクレス作の「オイディプス王」の主人公、オイディプスはテーバイの王ライオスの息子であるが、ライオスはカドミュスの曾孫（ひまご）なのでオイディプスはカドミュスの玄孫（やしゃご）にあたる。

第五幕

第四幕の最後でカドミュスとエルミオーヌは再会するのだが、喜んだのもつかの間、ジュノンがエルミオーヌを連れ去ってしまう。第五幕冒頭にエルミオーヌがいなくなって悲しむカドミュスのアリアがある。

第五幕のフィナーレを見ておこう。第一幕の最後で予告されていたように女神パラスの力によって、エルミオーヌが連れ戻され、めでたくカドミュスと結婚する。フィナーレはその結婚式の場面である。神話に則り、神々が参列して豪華な結婚式が繰り広げられる。このDVDの演出では最後のダンス（バスクの舞曲、ガヴォット、メヌエット）の直前に神々が横に整列している。

向かって右から、

・アムール（エロス［ギ］、キューピッド［英］）
・ジュノン（ヘラ［ギ］）
・ジュピテル（ゼウス［ギ］）
・カドミュス
・結婚の女神イメン（ヒュメン又はヒュメナイオス［ギ］）
・エルミオーヌ
・美の女神ヴェニュス（アフロディーテ［ギ］、ヴィーナス［英］）
・軍神マルス（アレス［ギ］）
・パラス（アテナ［ギ］）。

新郎カドミュスと新婦エルミオーヌの間に入って結婚の女神が真ん中に位置し、左右対称の構図になっている。エルミオーヌの左側に位置するヴェニュスがエルミオーヌの母で、その左側のマルスが父である。マルスはジュピテルとジュノンの息子なので、ジュピテルとジュノンはエルミオーヌの父方の祖父、祖母にあたる。これら四神は新婦の親戚である。両端のアムールとパラスはこの結婚を成就させる手助けをした神々ということになる。

建国の英雄と音楽（ハーモニー）の結婚

ここで選ばれたカドミュスとエルミオーヌの結婚という題材は、「王立音楽アカデミー」の本格的な創設を祝うというメッセージをももっている。エルミオーヌはギリシア神話のハルモニアのことであり、現在の英語のハーモニー（和声、調和）という言葉の起源となる女神である。エルミオーヌは音楽を表す言葉でもある。ここから、この二人の結婚は建国と音楽を合体させて今後国の政治をおこなってゆくというルイ十四世のメッセージとも受け取れるのである。建国の王カドミュスと音楽エルミオーヌの結婚の物語は、リュリとキノーが「王立音楽アカデミー」設立の許可を王から得て最初の本格的なオペラの題材とするのに誠にふさわしいものであったということができよう。

以上で〈カドミュスとエルミオーヌ〉についての話を終え、次節はリュリとキノーの第二作〈アルセスト〉をテーマとしたい。

3　〈アルセスト〉

ダブル・プロットをもつ異色作品

題材選択の意図

リュリ（作曲）とキノー（台本）の第一作である〈カドミュスとエルミオーヌ〉はギリシア神話を題材としていたが、第二作となる〈アルセスト〉（一六七四年初演）の題材はギリシア悲劇である。オペラがイタリアで生まれたとき、フィレンツェの文人サークル「カメラータ」の人々は古代ギリシアの悲劇を復活させることを理念として掲げていた。その観点からすれば、ここに原点に立ち返ろうとする意図を見ることができるかもしれない。しかし、それ以上に重要な点はこの物語に英雄ヘラクレスが登場することである。実際、〈アルセスト〉の正式なタイトルは〈アルセスト、又はアルシードの勝利（Alceste ou le triomphe d'Alcide)〉となっており、アルシードが主役であることを明示している（以下は〈アルセスト〉と略記する）。アルシードはエルキュールと並んでフランス語で「ヘラクレス」を示す別称であるが、ヘラクレスの幼名に由来している。ヘラクレスは十二の偉業を成し遂げたことでも知られるように力の強い神であり、武力にたけたギリシア神話の最大の英雄とされている。カドミュスは建国を象徴するが、ヘラクレスは強国を象徴する。当時オランダとの戦いに勝利したフランスを記念するオペラの題材としては最適であろう。現実のルイ十四世はオランダに勝ち、〈アルセスト〉のヘラクレスは黄泉の国に勝ったのである。

コメディ・バレエの誕生のところで述べたフーケの失脚以降、ルイ十四世はコルベールを重く用い重商主義を推し進めたが、一六七二年頃に転機が訪れる。一六七二年にオランダに宣戦布告をして以降、王は財政よりも軍政を重んじるようになった。リュリに「王立音楽アカデミー」建設の許可状が与えられたのはちょうどこの転換期にあたる。武力にたけた王のイメージが最も前面に押し出されているのがこのオペラ〈アルセスト〉である。

エウリピデス作の「アルケスティス」

古代のギリシア悲劇はコーラス部分があり、そこに音楽がついていたことはわかっているが、それ以上の詳しいことは今でも不明である。とはいえ台本は残されており、三大悲劇詩人と言われる三人の劇作家の台本がある。アイスキュロス（前五二五頃〜前四五六頃）の作品七篇、ソフォクレスの作品七篇、エウリピデス（前四八〇頃〜前四〇六頃）の作品十八篇が現存している。キノーが題材としたギリシア悲劇「アルケスティス」（前四三八年上演）はこのうちエウリピデスの作品である。

エウリピデス作の「アルケスティス」のあらすじを述べておこう（エウリピデス 1986: 7–707）。ペライという国の王アドメトスの妻（王妃）がアルケスティスである。あるときアドメトスが死にそうになるのだが、神アポロンの好意によって、誰か身代わりになる人がいれば死なずにすむということになる。誰が身代わりになるかが問題となるが、結局アルケスティスが自ら身代わりを申し出て死ぬ。ちょうどそのあとに、旅の途中でペライに立ち寄ったヘラクレスがこの話を聞いて、黄泉の国からアルケスティスを救い出し、ハッピーエンドで話は終わる。悲劇というのは、多くは主人公の死で終わるが、この話はハッピーエンドで終わる少ない例である。恐らくサテュロス劇として上演されたと推定されている。サテュロス劇は悲劇と同時に上演されていた喜劇で、サテュロスに扮した合唱隊（コロス）を伴うことからこう呼ばれている。サテュロスとはバッコス（ディオニュソス［ギ］）の従者である半獣神のことである。イタリアでのオペラの誕生について述べた第一章でバッコスとディアナの対立構図を説明したときに言及したが、この半獣神は複数の異名を持ち、「パン［ギ］」、「ファウヌス［ラ］」とも呼ばれる。「アルケスティス」の結末はハッピーエンドであるが、劇中の一番悲劇的な場面はアルケスティスが身代わりになって死ぬ場面である。アドメトスとアルケスティスの間には二人の子供がいる。この設定も、アルケスティスの死の場面の悲劇性を高めることに一役買っている。

以上があらすじであるが次に劇全体の構成を簡略にまとめておく。

プロローグ。アポロンと死の神の対話。アルケスティスが夫アドメトスの身代わりに死ぬ定めであることを示す。

①町の長老たちから成るコロスのあとに侍女が登場。侍女がアルケスティスの心の内を語る。

②侍女に連れられてアルケスティスが登場し、そのあとにアドメトスと二人の子供が登場。最後の別れの場面。

③アドメトスの旧友ヘラクレス登場。アドメトスは喪を隠してヘラクレスをもてなす。

④アルケスティスの葬儀のためにアドメトスの父ペレスが登場。アドメトスの代わりに死ぬことを拒否した父をアドメトスが非難して口論となる。

⑤召使が登場して、ヘラクレスの礼儀を知らない態度を非難する。そのあと、ヘラクレスが登場し、召使からアドメトスがアルケスティスの喪中であったことを知らされる。それを聞いてヘラクレスはアルケスティスを連れ戻すことを宣言する。

⑥葬儀から帰ったアドメトス登場。妻を失った悲しみを吐露する。

⑦ヘラクレスがアルケスティスを連れ戻しアドメトスに引き渡す。最初に、別の婦人を連れてきたと偽ってアドメトスを試す滑稽な場面が挟まれる。

「アルケスティス」の絵画表現

ギリシア悲劇の「アルケスティス」をテーマとした絵画を見てみよう。ジャン＝フランソワ・ピエール・ペイロン（一七四四～一八一四）の作品（図2・5）とアンゲリカ・カウフマン（一七四一～一八〇七）の作品（図2・6）の二点である。ペイロンはフランス、カウフマン（女性）はスイスの画家である。ともに、アルケスティスの死の場面を描いている。二人の子供が母親の死を悲しんでいるところを描いているのも同様である。ペイロンの絵が描かれたのは一七八五年、カウフマンの絵は一七九〇年でほぼ同じ時代、同じ様式（新古典主義）の作品である。ペイロンには他にもソクラテスの死の場面を描いた絵などがある。ソクラテスの死の場面に関しては、フランスの新古典主義の代表的画家であるジャック＝ルイ・ダヴィッド（一七四八～一八二五）の有名な絵（一七八七年）があり、この時代には古代ギリシアの題材が好まれたようである。

図2-5 ピエール・ペイロン
〈アルケスティス〉

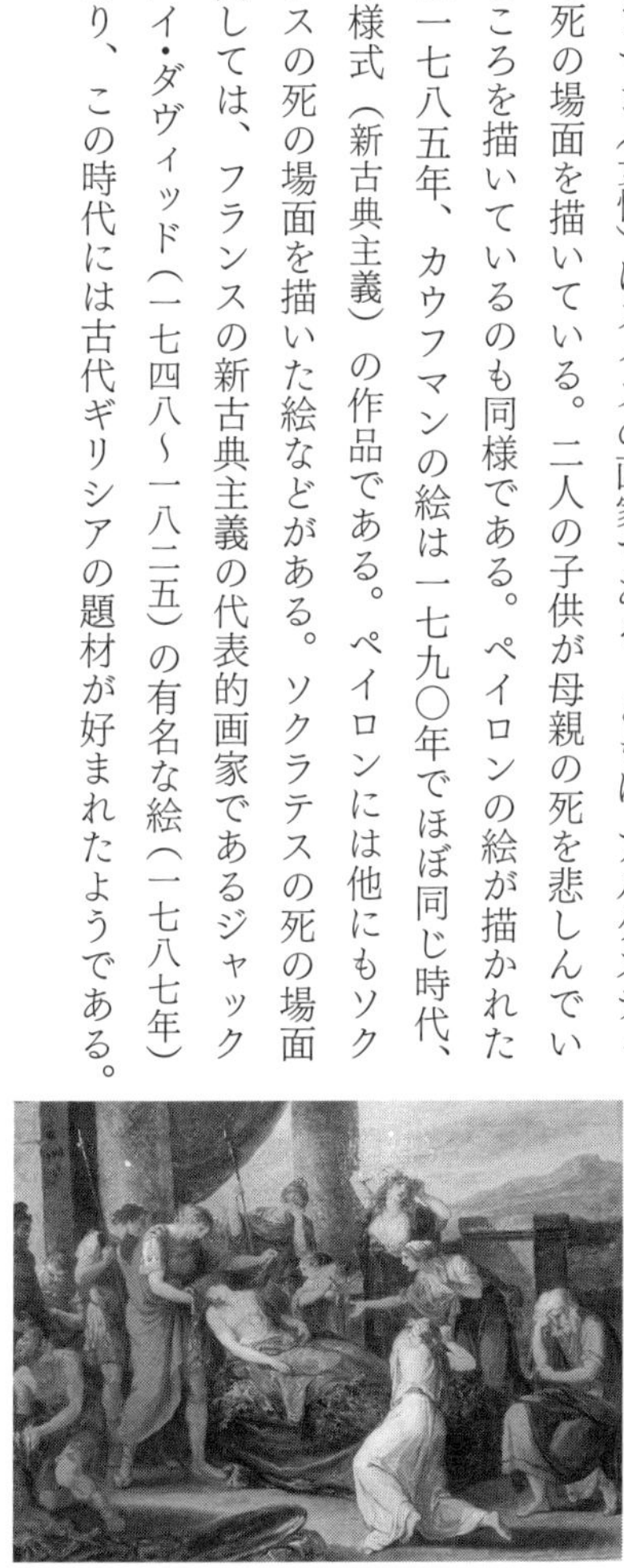

図2-6 アンゲリカ・カウフマン
〈アルケスティス〉

キノーがもとの話（ギリシア悲劇）に加えた変更・追加点

このエウリピデスの「アルケスティス」をもとにして、キノーがどのようなオペラ台本を書いたのか。基本的な筋は同じであるがかなりの追加や変更がある。まずは、追加・変更の要点を確認しておく。

「アドメトス」はフランス語では「アドメート」、「アルケスティス」はフランス語では「アルセスト」となる（以降、フランス語表記を用いる）。テッサリアの王アドメートとアルセストは夫婦ではなく、結婚式を間近に控えた婚約者となっている。もちろん子供もいない。キノーの〈アルセスト〉には、もとの話には全く存在しない追加要素として、アルセストの侍女のセフィーズが登場する。そして、このセフィーズとアルセストという二人の女性をめぐって何人かの男性が恋愛感情をもっているという設定が、筋を運んでゆくポイントとなる。しかし、主人公アルセストとその侍女のセフィーズの恋愛の話はそれぞれまったく接点をもたない別の話で、いわゆるダブル・プロットとして設定されている。

まず、アドメートとアルセストは相思相愛でこれは揺るがない。ほかにアルセストを愛する男性は二人設定されている。リコメードとアルシードである。リコメードはスキロスの王、アルシードはアドメートの友人で両者ともにアルセストに片思いをしている。アルシードは前述のとおりヘラクレスの別称で、フランスではこう呼ばれることが多い。アルシードが最終的には黄泉の国からアルセストを連れ戻す。アルシードは、英雄という点ではギリシア・ローマ神話の「ヘラクレス」と同じ位置づけであるが、アルセストに思いを寄せているという変更によって人間的に描かれている。さらに、エウリピデスの話のように通りすがりのヘラクレスがアルセストを助けにゆくよりは、自分の愛するアルセストをアルシードが助けにゆくという筋の方が納得のいくものになっているといえる。

もう一人アルセストを愛する男性として加えられているのはスキロス王リコメードである。彼はアルセストに横恋慕し、アドメートとの結婚式の直前にアルセストをさらっていってしまう。この事件がアドメートの死を招くことになり、物語の発端として置かれている。

次に、セフィーズのことを好きな二人の男性は、リカスとストラトンである。リカスはアルシードの従者、ストラトンはリコメードの従者である。〈アルセスト〉の

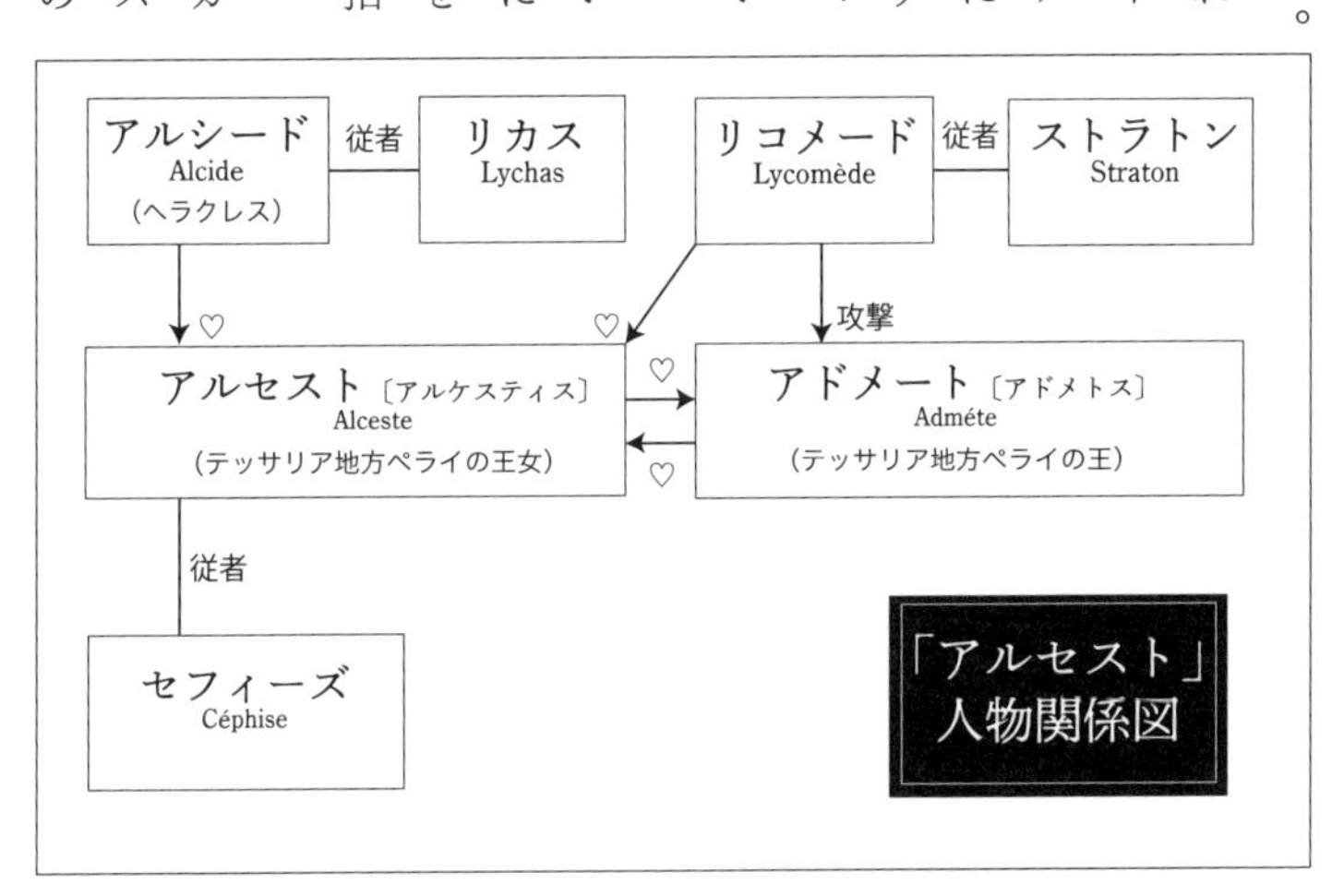

特徴として、二つの筋をもつことを先に述べた。このような交わることのない二つの筋をもつ戯曲のことを、一般に「ダブル・プロット」の演劇という。〈アルセスト〉において、アルセストをめぐる三人の男性（アドメート、アルシード、リコメード）の話と、セフィーズをめぐる二人の男性（リカスとストラトン）の話は平行線でまったく交わらない。唯一のゆるい関係はサブ・プロットに関わる登場人物はメイン・プロットを織りなす登場人物の従者という設定になっていることである。リュリとキノーによるオペラのなかでダブル・プロットをもつものは珍しい。実際、このダブル・プロットは当時の観客から批判も出たようで、それによってそのごは差し控えられたのかも知れない。当時のフランスでは、古代ギリシアのアリストテレスの書いた『詩学』が演劇論として権威をもっており、その中に、良い悲劇を書くためには筋は一つにした方がよいと書かれている（アリストテレス 1997: 41–42 第八章「筋の統一について」）ので、こうした批判が出たのではないかと思う。しかし、このことはキノーも知っていたはずで、ではなぜダブル・プロットにしたのかという問題が残るが、これについてはあとで述べたいと思う。以上の基本的な人間関係を踏まえて、あらすじを紹介したい（CD: Lully 1975）。

〈アルセスト〉のあらすじ

プロローグ

このオペラは、ルイ十四世がフランシュ゠コンテ（現在フランス東部のスイスとの国境近くの地域）の戦いに勝利してこの地方をフランスの領土としたことを祝う祝祭としておこなわれたものである。プロローグは、セーヌ川のニンフ（水の精）が英雄の帰還を待っている場面から始まる。そこに軍隊を思わせるような音楽とともに「栄光」が現れて英雄の帰還が近いことを知らせる。「栄光」という日本語に訳してしまうとわかりにくいのだが、フランス語の原語は「Gloire」であり、この言葉の意味は「打ち勝ちがたいような困難に打ち勝って勝利した者の輝き」である。つまり、フランシュ゠コンテの戦いに勝った英雄を導いてくるものとして「栄光」が擬人化されて登場するわけである。バロック・オペラのプロローグでは抽象的な概念（例えば、栄光、知恵、など）が擬人化された登場人物がしばしば現れる。モンテヴェルディの〈オルフェオ〉のプロローグでも、このような登場人物として「音楽」が出てきた。これは、音楽の名手であるオルフェオの物語の始まりをつげるものであったが、これと同様に、第一幕から始まるアルセストの物語のテーマが「栄光」であることを示してプロローグは終わる。

第一幕

もうすぐアドメートとアルセストの結婚式が船の上でおこなわれるというので準備が進められている。しかし、アルセストに思いを寄せているリコメードがアルセストをさらっていってしまう。

この幕の第三場と第四場にセフィーズをめぐる恋愛の話（サブ・プロット）が挟まれる。ストラトンとリカスの両方から愛を告白されながらも、決してどちらを取るか決めずにいるというのがセフィーズの一貫した態度である。

第二幕

アドメートとアルシードはさらわれてしまったアルセストを取り戻すために船出し、戦いに勝ってアルセストを連れ戻すが、その戦いによってアドメートは傷つき瀕死の状態になる。しかし、神アポロンの好意によって誰かが身代わりになればアドメートは助かるということになる。

第三幕

誰が身代わりになるかが問題になり、アドメートの父フェレスは老人で人生残り少ないので死にたくないといい、セフィーズはまだ若く十五年しか生きていないので死にたくないという。そのあとに、アルセストが身代わりになって死んだことが判明する。アルセストが死んでしまってアドメートは悲しみに打ちひしがれる、アルシードがアルセストに対する思いを打ち明け、自分が黄泉の国にいってアルセストを連れ戻すと宣言する。

第四幕

第一場は、黄泉の国の入り口に三途の川があり、この川を渡るための渡し船がある。この渡し船の船頭がカロンで、カロンが幽霊たちを船に乗せる場面から始まる。この場面は滑稽な場面で、カロンのアリアが親しみやすく比較的有名な箇所である。

第二場から黄泉の国の場面になる。黄泉の国の王プリュトンと王妃プロセルピーヌがアルシードの強い気持ちに打たれて、アルセストを連れて帰ることに同意する。

第五幕

アルシードがアルセストを連れて帰り、人々が皆喜び祝っている中、アドメートだけが不安な気持ちになっている。アルシードのアルセストに対する気持ちを聞いてしまったので、はたして、帰って来たアルセストが自分のもとに帰って来るのか心配になっていたのである。結局アルシードは、アルセストとアドメートが相思相愛であることを認め、自分のアルセストに対する思いを抑えて、アルセストをアドメートのもとに戻す。英雄アルシードはすべてに打ち勝つ、死にも、自分の心にも、とアルシードが称えられる。「打ち勝つ」という「栄光」のテーマがこれで完結する。

この幕の第二場と第三場にもセフィーズをめぐる二人の男性の話が挟まれる。セフィーズは最後まで自分の心を一つに決めない。どちらかを選んでほしいと迫る二人に向かって、「結婚は愛の終わりよ」と歌う。

キノーによる追加・変更の意味について

以上があらすじである。この筋はもととなるギリシア悲劇「アルケスティス」に削除や追加・変更をおこなうことによって出来上がっている。ここで、その意味について考えてみたいと思う。

オペラ〈アルセスト〉が上演されると、ジャン・ラシーヌ(一六三九～九九)、ニコラ・ボワロー=デプレオー(一六三六～一七一一)などの古典主義演劇の側の詩人たちからは批判を受け、それに対してオペラの擁護もおこなわれた。これがいわゆる「アルセスト論争」である。この事情やその分析は村山則子著『ペローとラシーヌの「アルセスト論争」』(作品社)に詳しい。この著作でも主要な分析の対象となっている文献に、オペラ擁護をおこなったシャルル・ペローの『アルセスト批評』がある(Perrault 1674: 5)。この『批評』における考察は、エウリピデスのギリシア悲劇「アルケスティス」にキノーがおこなった削除、追加・変更という視点のもとにおこなわれているので、まず、ペローの主張を簡略に紹介しておく。

ペローによる〈アルセスト〉の考察

ペローは削除点を六つ、追加・変更点を七つ挙げている。

削除点

❶プロローグ（アポロンと死神の対話）。
❷冒頭の侍女の語り。侍女によって死にゆくアルセストの悲しみが語られる。
❸アルセストとアドメートの別れの場面。
❹アドメートと父フェレスとの対話。
❺アルシード（ヘラクレス）の乱暴を非難する召使の場面
❻アルシードが、別の女性だと偽ってアルセストを連れてきてアドメートを試す滑稽な場面

追加・変更点

①アルシードがアルセストを愛しているという設定。
②アルセストを愛しているスキロス王リコメードの設定。
③アルセストの侍女セフィーズを巡るサブ・プロットの設定。
④アドメートの死の理由を病気ではなくアルセストを助けるための戦いにおける負傷とした点。
⑤誰がアドメートを助けるために犠牲になったかがわからないまま、アポロンの従者たちによってつくられた記念碑の祭壇に犠牲になった人物アルセストの肖像画が掲げられるという形でその人物が判明するという趣向。
⑥元気になったアドメートが祭壇に掲げられたアルセストの肖像を見て悲しむ場面。

⑦自らの恋心に打ち勝ってアルセストをアドメートに引き渡すアルシードの克己。これは死の国に打ち勝った栄光に加えて、自分自身の心に打ち勝った第二の栄光とされる。

以上の点を挙げてペローはキノーの〈アルセスト〉を擁護する。彼の主張の要点を述べれば、優れた作家は古代の傑作の良い点を継承すべきであるが、異なった時代にはそれぞれに異なった習慣、風習、常識などがあるのでそれを考慮して適切な変更を加えるべきであり、キノーの台本ではそれが見事におこなわれているというものである。

上記のペローの主張は大変わかりやすく納得できるものであるので、それを下地としつつ現代の視点をも加えてまとめておきたい。

削除点❶はプロローグの削除である。仮にこのプロローグがあると、それは次に展開する物語の結末がすべてわかってしまう内容なので本編を見る興味がそがれてしまう。ゆえにこの削除は適切であるとペローは評価する。劇全体の構成の観点からのこの指摘もうなずけるものではあるが、さらにルイ十四世の時代のオペラのプロローグの特別な役割をも考慮する必要があるだろう。

この時代のオペラに対する要請として最も重要な点はルイ十四世の賛美という役割である。プロローグはこの賛美が最も明示的におこなわれる場所である。エウリピデスのプロローグはそのような役割をもっていない。この意味において、オペラのプロローグとエウリピデスの悲劇のプロローグとは異質のものである。それゆえ、キノーはエウリピデスのプロローグ（アポロンと死神の対話）

をすべて削除し、英雄の帰還を待つニンフのプロローグを新たに設定したのである。「英雄の帰還を待ち望むニンフ」というプロローグのベクトルは、ルイ十四世によるフランシュ＝コンテの戦いの勝利という現実世界に向いている。もちろん、プロローグはそのあとに展開する本体の内容を暗示するものでもあるが、この時代のプロローグの妙味はこの二つの方向性をいかにして両立させるかという所にある。この点は、リュリとキノーの前作の〈カドミュスとエルミオーヌ〉のプロローグについても同じである。プロローグで描かれたアポロンによる大蛇退治がルイ十四世の善政を表し、それがドラゴン退治のイメージとゆるくつながって本体の劇世界のカドミュスの建国物語の予示となっているのである。

プロローグを除く残りの五つの削除点と七つの追加・変更点はすべて全体の登場人物と人間関係に関わる筋の変更という一つの観点からまとめて説明できる。

削除点❷の侍女の語りの内容はアルセストの年齢や置かれた状況の変更と深く関わっている。アルセストは子供が二人いる妻という設定から、結婚式を間近に控えた若い女性に変わっていること、また、身代わりとなるアドメートの死の理由も病気ではなく自分の命を助けようとしての戦死と変更されていることから、この削除は当然の結果であったと考えることができる。

削除点❸のアドメートとアルセストの別れの場面の削除は、アドメートの死の原因が病気ではなく戦死と変更されたことに由来する。すでに死ぬことが決まっているアルセストとアドメートが別れを惜しむのではなく、アルセストを取り戻すための戦いで傷つき瀕死の状態で戻ってきたアドメートとアルセストとの別れの場面が新たに作られている。

削除点❹は、身代わりになって死ぬことを拒否した父親フェレスに対するアドメートの非難とそれに対する反論を内容とする言い争いの削除である。これは醜い言い争いなので、削除されて当然だと、ペローは言う。しかし、キノーの台本ではアドメートの死の原因がアルセスト救出にあるという物語全体の筋の変更がある。それゆえ、助けてもらったアルセストが身代わりになることが自然であり、父親が身代わりを拒否することを非難する気持ちは薄れる。キノーの台本でも誰かが身代わりになればアルセストは助かるとアポロンが宣言したあとに、誰が犠牲になるのかという問題が起こるが、これはエウリピデスの原作とは別の文脈に置かれている。キノーの台本では、フェレスとセフィーズが身代わりになりたくないという設定はそれを非難するためにではなく、愛の力の強さを示すために挿入されている。アルセストの台詞に「義務感も友情も血のつながりもすべて彼（アドメート）を見放してしまう。希望が残っているのは愛の力にだけ。」という台詞があってアルセストが犠牲になることの伏線になっている。

「愛」というテーマの強調は、削除点❺、❻で削除されたアルシードの性格描写とも関わってくる。「乱暴」や「滑稽な行動」はアルシードにはふさわしくないのである。

ギリシア神話におけるヘラクレス（アルシード）のイメージは「豪傑」である。ヘラクレスは神ゼウスと人間の女性アルクメネの息子である。ヘラクレスの誕生に関する物語は宮廷バレエ〈夜のバレエ〉の「アンフィトリオンの無言劇」の説明のところですでに述べた。アンフィトリオン（アムフィトリュオン［ギ］）はアルクメネの夫である。ゼウスの正妻ヘラは夫と人間の女性との間に生まれた子供たちにはいつも敵意を抱き攻撃を加えていた。ゼウスによって妊娠したカリストがヘラの嫉妬によって熊に姿を変えられたという話もあることはすでに紹介した。ヘラはヘラクレスにも嫉妬の矛先を向け攻撃を加えた。まだ赤子のときに二匹の毒蛇を送って殺そうとしたが、ヘラクレスは素手でそれを握りつぶした。

他にもヘラクレスにはつぎのようなエピソードが残っている。ゼウスはヘラクレスをミケーネの王としたかったのだが、ヘラの策略によって同じ家系のエウリュステウスが王になり、ヘラクレスはエウリュステウスに仕えることになる。エウリュステウスはヘラクレスに困難な仕事を次々と命ずる。ヘラクレスはこれらをすべて成し遂げ、これが「ヘラクレスの十二の功業」といわれているものである。最後の十二番目の功業は、黄泉の国に関わる。黄泉の国の番犬で三つの頭をもつ怪物ケルベロスを生け捕りにしてこの世に連れ帰り、エウリュステウスに見せ、そのあとにまた黄泉の国に連れ戻している。その際に、囚われの身になっていたテセウスを救い出している（Bib: 86–103）。エウリピデスの「アルケスティス」におけるアルケスティス救出の筋立てもこの功業のイメージから来ているのかも知れない。このような「豪傑」の性格を強調するものとしては、キノーが削除した削除点❺の乱暴な態度や、削除点❻の冗談を好む様子の描写はふさわしいものである。しかし、キノーの〈アルセスト〉のアルシードはルイ十四世と重ねられるのだから、粗野であってはならない。ただ力が強く何でもできる豪傑であるというだけでは駄目で、同時に当時の宮廷人の理想としての優雅さをもっていなくてはならないのである。

ギャラントム（女性に優しい男性）という理想像

当時のフランスの宮廷人（男性）の理想像を表す言葉にギャラントム（galant homme）がある。普通は「紳士」と訳されるが、こう訳してしまうとどのような男性が理想とされていたかがわからない。「Homme」は「男性」という意味であるから、問題は「galant」の意味である。「galant」という形容詞の意味の基本を端的に言えば「恋愛に関わる」という意味である。フランス語の形容詞は、一般的な意味を表す場合は名詞のあとに置かれるので、「homme galant」は「恋愛を好む、女性に対して優しい」男性ということになる。一方で、形容詞が名詞の前に置かれると肯定的な意味が強まり、熟語化して「理想の男性」という意味になり、そこから「紳士」という意味が出てくる。宮廷男性の理想は女性に優しい人である。こう考えると思いおこされるのは、「宮廷バレエ」の節の冒頭で言及した紫式部の『源氏物語』である。源氏の君がギャラントムであることは言うまでもないだろう。

ここから、「galant」は当時の美的な価値を表す言葉となり、芸術作品のタイトルにもしばしば使われるようになる。十七世紀の終わりごろに「オペラ・バレエ」という新しいジャンルが生まれるが、その最初期に属する作品にアンドレ・カンプラ（一六六〇〜一七四四）の〈優雅なヨーロッパ〉（一六九七）がある。フランス語の原題は〈*L'Europe galante*〉である。ここで「galant」は「優雅な」

と訳されることがほぼ定着している。「優雅な」は宮廷社会の美的な価値を表す言葉（ときに、「粋な」と訳されていることもあるが「粋」も日本文化における美的な価値を表す言葉であり同様のことがいえる）であるが「galant」の本来の意味は「恋愛に関わる」ということである。〈*L'Europe galante*〉の内容を見てみるとそれが良くわかる。「オペラ・バレエ」は一定のテーマに基づくいくつかのアントレ（演劇用語の「幕」と同様の意味であるが、登場する（entrer）という動詞に由来する「アントレ（登場）」が「オペラ・バレエ」では用いられる）がオムニバス形式でつなげられる構成になっている。この場合は、ヨーロッパの四つの国、フランス、イタリア、スペイン、トルコのそれぞれ異なった四つの恋愛物語が示される。この内容を生かしてタイトルを意訳すれば「ヨーロッパの恋愛お国さまざま」ということになろう。「galant」のもとの意味を生かして「恋愛のヨーロッパ」と訳すと、あまりこなれた表現ではないが作品の内容をよく表すものとなる。

この伝統に基づいて作曲されたラモーの有名なオペラ・バレエ〈優雅なインドの国々〉（一七三五）についても同じことが言える。原題は〈*Les Indes galantes*〉。このタイトルに関しては「Indes」の意味についても注意が必要で、当時のフランス語で「インド」というのは現在の国インドのことを表すのではなく「ヨーロッパ以外の諸外国」の意味である。作品の内容は、トルコ、ペルー、ペルシャ、アメリカ大陸の未開人を舞台とするそれぞれ異なった恋愛物語（アントレ）で構成される。当時のトルコの扱いについては微妙で、「ヨーロッパ」としても「ヨーロッパ外」としても扱われていることがこの例でわかる。

最後に絵画の例を挙げる。「雅な宴（Fête galante）」というジャンルに属するアントワーヌ・ヴァトー（一六八四〜一七二一）の〈シテール島への巡礼（*Le Pèlerinage à l'île de Cythère*）〉である。ここでも「galant」は「雅な」又は「艶なる」などと訳されているが、絵画の内容を見れば「恋愛に関わる」という意味であることがわかる（図2・7）。右側にギリシア神話で美と愛の女神のアフロディーテ（ヴィーナス〔英〕）の像がありその根元にその息子エロス（キューピッド〔英〕、アモル（クピド）〔ラ〕）を示す弓矢が描かれている。これは、「恋愛」がこの作品のテーマであることを示している。シテール島はギリシア神話ではアフロディーテの島で、巡礼すれば愛が成就するといわれた。日本で言えば縁結びの神の出雲大社のような存在であった。ここに八組の男女の対（カップル）が描かれ、それぞれ異なった姿勢をしている。「カップルさまざま」である。構成はまさに「オペラ・バレエ」のオムニバス形式と類似している。

図 2-7 アントワーヌ・ヴァトー〈シテール島への巡礼〉

キノーの〈アルセスト〉における恋愛のテーマ

「galant homme」という理想像の話が長くなったが、次に、キノーがおこなった追加・変更の意味を検討したい。追加・変更点の⑤と⑥は演出の趣向に関わるものなのであとでまとめて論じることにして、それ以外の①〜④と⑦はすべて様々な恋愛関係を提示したいという意図によるものと解釈できるだろう。

全体の筋を動かすのは愛を媒介とする人間関係である。アルセストを愛しているのはアドメート、アルシード、リコメードの三人の男性である。この中で、アルセストと相思相愛なのはアドメートでアルシードとリコメードは片思いである。リコメードの横恋慕によってアドメートの死が引き起こされ、アドメートを愛するがゆえにアルセストがその身代わりになって死ぬ。アルセストを愛するがゆえにアルシードが黄泉の国に下ってアルセストを連れ戻したというのが全体の筋である。

もとのギリシア悲劇「アルケスティス」では、愛のあり方は夫婦間の誠実な愛に一本化されている。しかし、〈アルセスト〉では、異なった恋愛観が、どちらが良いという主張なく、並列的に示される。アルセストの侍女セフィーズを愛する二人の男性、ストラトンとリカスが登場する。ペローはアルセストの誠実な愛を強調するためにセフィーズの不誠実な愛がサブ・プロットとして入れられたと解釈しているが、これが唯一の可能な解釈であるとはいえないであろう。キノーの台本では結婚という愛の形にはあまり肯定的ではない傾向が見える。話の中心となる相思相愛のカップル、アドメートとアルセストはまだ夫婦ではない。結婚する前の婚約者という設定に変えられている。当時の宮廷文化のなかで夫婦の愛の話は面白くないと思われたのかもしれない。しかし、夫婦ではないにしても、アドメートとアルセストの愛は一人の人を思い続ける誠実な愛として描かれている。これに対してセフィーズをめぐる愛の形は、いわば、不誠実な愛の肯定とも考えられる。二人の男性から求愛され、どちらを選ぶか決めてほしいと言われても、セフィーズは決して一人に決めることをしない。結婚を迫られると、「結婚は愛を破壊する」というアリアを歌うのである。

アルセストの愛の形とセフィーズの愛の形とは、二つが提示されるだけで、どちらが良いとも作者は主張していない。交わることのないダブル・プロットの形で置かれているだけである。これに対する批判が当時あったことはすでに述べたが、キノーにとっても冒険的な試みであったのではないかと思われる。

追加・変更点の⑦は物語の最終的な結末を示す「栄光」に関わる。アルセストを黄泉の国から連れ戻したアルシードは「死」に打ち勝って第一の栄光を獲得し、さらに、自分自身のアルセストを愛する感情にも打ち勝って、アルセストをアドメートのもとに戻して第二の「栄光」を獲得した。この二重の「栄光」を示すことで物語は終わる。そのためには、アルシードがアルセストを愛していることは必須の設定である。物語の冒頭、第一幕第一場でアルシードはリカスに自分がアルセストを愛しているという苦しい胸の内を告げる。最初と最後の場面が呼応することによって物語が完結する。

オペラのスペクタクル（見世物）性

最後に、キノーがおこなった追加・変更としてペローが指摘した⑤と⑥について述べておきたい。これらの点は、「記念碑」の建設という演出の趣向に関わる。この時代のオペラは視覚に訴える演出を重視する。一六四六年にマザランがイタリアのオペラを招聘してロッシの〈オルフェオ〉のパリ公演をおこなったときも、視覚に訴える舞台効果の素晴らしさが称賛され、作曲家ロッシよりも舞台装置家トレッリの名声の方が高まった。

ペローが追加・変更点の⑤と⑥で評価しているのは、〈アルセスト〉の第三幕第三場の終わりの演出（⑤）とそれに続く第四場の内容（⑥）である。

第二幕の最終場（第九場）でアポロンは以下のような内容の宣言をする。「今、アドメートは死ぬ運命にある。しかし、運命の神が、誰か犠牲になって代わりに死ぬものがあればアドメートの命を助けるという約束を私にしてくれた。身代わりに死ぬものの偉業をたたえて長く記憶に残すため、諸技芸の神々に命じて記念碑を建てて肖像を掲げることにする」と。この宣言を受けて、諸技芸の神々は記念碑の建設を始める。第三幕の第三場の終わりでその祭壇の扉が開かれて犠牲になった人の肖像が掲げられ、それを見ることによってアルセストが犠牲になったことが皆に知らされるという趣向である。誰かの台詞によってではなく、立派な祭壇が舞台装置として現れ、そこに掲げられた肖像を「見る」ことによって最も重要な情報がスペクタクルとして観客に知らされる。死を免れて元気になったアドメートもその肖像を見て、初めてアルセストが死んだことを知り、それを悲しむ。それに伴い、エウリピデスの「アルケスティス」にある死を目前にしたアルセストとアドメートとの悲しみの場面はなくなり、アルセストの死後にそれを悲しむアドメートの場面が設定される。ここで、「アルセストは死んでしまった（Alceste est morte）」という台詞が繰り返される印象的な場面が繰り広げられる。

以上が、ペローの指摘を参考にしつつおこなったキノーの台本の分析であるが、以下にオペラの場面で印象に残った箇所をいくつか挙げておく（CD: Lully 1975）。

聴きどころ

序曲

典型的なフランス風序曲である。二拍子系の♩. ♪という付点のついたリズムを特徴とする比較的ゆっくりとした部分（A）で始まり、次に多くは三拍子系の比較的速いテンポの部分（B）に移る。全体の構成はA－A－B－A’－B－A’となっている。

フランス風序曲の形式はバレエやオペラの開始の曲としてリュリによって確立され、そのごヨーロッパの他の国にも広まり、器楽曲の組曲の開始の曲、オラトリオやカンタータなどの開始の曲としても用いられるようになった。

リュリがほぼ全曲を初めて作曲した宮廷バレエ〈アルシディアーヌのバレエ〉（一六五八）でもすでに速さの異なる二部分の構成になっている。この曲の場合、後半の速い部分は三拍子系ではなく前半と同じ二拍子系である。コメディ・バレエの序曲を見てみると、〈ジョルジュ・ダンダン〉（一六六八）、〈プルソニャック氏〉（一六六九）、〈町人貴族〉（一六七〇）にゆっくりとした二拍子系のテンポの部分と三拍子系の比較的速いテンポの部分の組み合わせの構成が見られる。そのご、オペラの序曲としてこの形式が確立してくるが、オペラの序曲でもまれには後半も二拍子系の例もある。例えば、リュリの九作目のオペラ〈ペルセ〉（一六八二）の序曲は後半の速いテンポの部分も二拍子系である。

プロローグ

幕が開くとセーヌ川のニンフ（水の精）がアリアを歌う。内容は、「私の待っている英雄は帰ってこないのだろうか。英雄が不在なので、鳥も鳴かないし、花も咲かない」。つまり待っている者の嘆きの歌である。このオペラはルイ十四世がフランシュ＝コンテでの戦いに勝利して、長い不在のあとに帰って来たことを祝う祝祭行事の一環としておこなわれたので、プロローグは英雄の帰還を待つところから始まる。すると、戦いを思わせるような音楽と共に「栄光（la Gloire）」が現れて、舞曲ロンドが演奏される。

第一幕

この幕では、ダブル・プロットの主人公であるセフィーズに関わる部分のアリアを紹介する第四場。セフィーズはアルセストとは異なり、気まぐれな恋を楽しむことを本分としている。セフィーズのことを好きなストラトンが、心変わりをしたセフィーズを責める。セフィーズは「リカスのことがあなたより好きになってしまったの」と言う。ストラトンが不実を非難すると、セフィーズは「少しは浮気をすることも覚えなさい」と返す。この二人の対話（レシタティフ）のあと、リュリは二重唱を作曲している。キノーによる台本は基本的に二人で同じ歌詞で歌いながら一部分だけ違う単語を挟むという作りである。

いつも［1. 愛さなくては、2. 変わらなくては］ならない。 Il faut [1. aimer 2. changer] toujours.
最も甘美な愛は［1. 誠実な、2. 新しい］愛である。 Les plus douces amours sont les amours [1. fidèles 2. nouvelles].
いつも［1. 愛さなくては、2. 変わらなくては］ならない。 Il faut [1. aimer 2. changer] toujours.

最初の一行を繰り返して最後にもう一度歌うダ・カーポ・アリア（イタリア語で「頭に戻るアリア」という意味）の形式を取っている。最初の歌詞では、「1. 愛する」をストラトンが歌い、「2. 変わる」

をセフィーズが歌う。次の歌詞では、「1. 誠実な」をストラトンが歌い、「2. 新しい」をセフィーズが歌う。

第二幕

この幕ではアドメートが瀕死の状態で帰って来た場面を見てみよう。第八場。瀕死のアドメートとそれを悲しむアルセストの二重唱がある。瀕死のアドメートが歌うのは、リアリズムの観点からすると違和感があるが、オペラではよくあることである。この二重唱でも先ほどの第一幕でのストラトンとセフィーズの二重唱と同じ手法が使われている。アドメートは「アルセスト、あなたは泣いているのですね（Alceste, vous pleurez）」と歌い、アルセストは「アドメート、あなたは死ぬのですね（Admète, vous mourez）」と歌う。

第三幕

この幕のクライマックスはアルセストの死である。悲劇としては、全幕のクライマックスといってもよいかも知れない。リュリはこの場面で合唱を効果的に使っている。「アルセストは死んでしまった（Alceste est morte）」という言葉を何回も繰り返し合唱に歌わせることによって段々と悲しみを深めていく手法である。合唱はオペラにおいて聴衆と舞台とをつなぐ重要な役割をもっている。聴衆は合唱の歌っている内容に感情移入し、自分の気持ちを反映させる。作曲家がこのことを良くわかって合唱を使えば、聴衆の気持ちをうまくコントロールして劇に引き込んでゆくことができる。リュリもこの技法を使って、合唱に「アルセストは死んでしまった」という言葉だけを何度も繰り返し歌わせることで聴衆の悲しみの感情を深めている。そんな中で一人饒舌に語っているのがセフィーズである。セフィーズはアルセストがどうして死んだのかを取り乱した状態で説明的に歌っている。その他の登場人物、合唱とアドメートは「アルセストは死んでしまった（Alceste est morte）」という歌詞しか歌わない。両者の対比が相乗効果をもたらし、聴衆の悲しみをさらに深める。

第四幕

この幕の冒頭（第一場）ではアルシードが黄泉の国にゆく前に滑稽な場面が挟まれている。黄泉の国にゆくために渡らなければならない川の渡し守「カロン」が登場する。カロンのアリアの歌詞の内容は、お金の力を強調する点でどこかモリエールを思い出させる。「遅かれ早かれ、人はこの川を渡らなければならない。私の船に乗らなければならない。若かろうが年寄だろうが、運命に従って、羊飼いでも王様でも。渡りたい人(幽霊)は渡し賃を払わないといけない」。このあと、お金をもっていないという幽霊との滑稽なやり取りがあり、「死んでからもお金は必要なのだ」という結末になる。日本の諺で言えば「地獄の沙汰も金次第」ということである。お金がないなら船には乗せないとカロンに拒絶された幽霊の一人がよわよわしい声で以下の台詞を言う。「幽霊一人、ほとんど場所を取りません（Une Ombre tient si peu de place）」。思わず笑いがこぼれてしまう台詞である。リュリのオペラでこのような滑稽な箇所が挟まれる例はあまりない。

このあと、第四場でアルシードが来たことを知った冥王プリュトンは、怪物ケルベロスをけしかける。第五場では、そのケルベロスを、アルシードは鎖で縛り上げてしまったという卜書きがあり、「ヘラクレスの十二の功業」の十二番目の功業を思い起こさせる。黄泉の国を滅ぼしに来たのかと恐れるプリュトンを、アルシードはなだめて、自分は愛するアルセストを迎えに来たのだと告げる。プリュトンの妻のプロセルピーヌとプリュトンは説得され、「至高の愛は死よりも強くなくてはならない（Il faut que l'Amour extrême soit plus fort que la Mort）」と歌って、アルセストが生者の国に帰ることを許す。腕力や武力よりも愛の力の強さが強調されている。

第五幕

第一場はアルセストを連れて帰って来たアルシードをほめたたえ喜ぶ民衆と、嬉しくはあるものの本当にアルセストが自分のところに帰って来るか心配なアドメートの場面である。喜びを表す旋律がプレリュードとして器楽のみで演奏されたあと、アドメートは喜びを表す歌の旋律をまず歌うが、そのあとにレシタティフの形で不安な気持ちを吐露する。民衆の合唱が加わって喜ぶ気持ちを増幅させるが、何回か合唱が繰り返される間にアドメートの不安を表すレシタティフが挟まれる。喜びと不安とをこのような形で対比させ、両方を際立たせる手法である。オペラではよく使われる手法と言えるが、十八世紀の作品の例として、ラモー作曲の〈イポリトとアリシ〉（一七三三）の

第三幕第七場、第八場にこの手法が見られる。黄泉の国からのテゼ（テセウス［ギ］）の帰還を喜ぶ合唱と、妻フェードルと息子イポリトとの関係を思い悩むテゼの胸の内が対比的に表されている。

第三場は、リカス、ストラトン、セフィーズの三角関係にまつわる場面である。どちらかを選んでほしいと迫る二人に対して「結婚は愛の終わり」という内容のアリアをセフィーズが歌うとそれにリカス、ストラトンが加わって三重唱になる。

オランダ戦争に勝利し、フランシュ＝コンテを獲得したことを祝うためのオペラであるから、主人公アルシードが強い勝利者として描かれるのは当然である。それに加えて、彼は宮廷における理想的な紳士、すなわち、女性を愛するギャラントンム（galant homme）として描かれなくてはならない。キノーが題材としたエウリピデスの原作を改作した点のほとんどは、アルシードを含めた主要登場人物のつながりを「愛」の物語としてまとめるためのものと解釈できるであろう。ダブル・プロットの設定や滑稽な場面（第四幕第一場、カロンと幽霊の会話）の挿入はこれ以後の作品においてはなくなってゆくが、その点がこの作品の特徴であり、魅力になっているということもできる。

以上で〈アルセスト〉の考察を終え、次節はオペラ〈アティス〉をテーマとしたい。この作品はリュリとキノーの共作の到達点〈アルミード〉を予告する作品として重要である。

4 〈アティス〉　王のオペラ

題材になっているオウィディウスの物語

このオペラは、オウィディウスの『祭暦』（ローマの祭りの起源を説明した著作）と『変身物語』から題材を取っている。

『祭暦』は完成しておらず、一月から六月までの祭りを記述した全六巻しか残されていない。中断の理由は紀元後八年に皇帝アウグストゥスの命によって、オウィディウスが黒海西岸のトミスへの追放刑に処されたことによると考えられている。追放の理由などはわかっていない（オウィディウス 1994: 374-375 解説）。『祭暦』第四巻が四月の祭りの説明である。四月四日〜十日までおこなわれるシベール（キュベレ［ギ］）という女神の祭り（メガレシア祭）の起源の説明の部分でシベールとアティスにまつわる話が記述されており、それがこのオペラの筋の題材になっている。「シベールを祭る神官（ガルスと呼ばれる）が去勢をするのはなぜか」と問われたムーサイ（ミューズ［仏］）（学問・芸術の九人の女神たち）の一人エラト（独唱歌の神）は以下のようにその起源を答える。見目麗しい少年アティスを愛したシベールはアティスにいつまでも少年のままであるように命じた。しかし、アティスはそれを誓ったにもかかわらず、誓いを破り森の水の精（ニンフ）のサンガリウス（サンガリード［仏］）を愛してしまう。怒った女神の罰として、サンガリウスは殺され、アティスは気が違って自らを去勢して死んでしまう。それゆえ、ガルスは宦官なのであると（オウィディウス 1994: 145–148）。

また、同じオウィディウス作の『変身物語』にはアティスが死後松の木に変身したという記述がある。エウリュディケを冥界から連れ戻すことに失敗したオルフェウスの後日談として、ある丘の上でオルフェウスが竪琴をかき鳴らすと木々が飛来したという一節がある。その中には、シベールの寵愛を受けたアティスが変身した松もいたというくだりがある（Met II: 第十巻冒頭部分）。

パリのパレ＝ロワイアルの劇場で一般公開の初演がおこなわれたのが四月であるのもシベールの祭りにちなんでのことであろう。パリの聴衆にはあまり評判が良くなかったようであるが、ルイ十四世が最も好んだオペラで、王のオペラとも呼ばれている（Baussant 1997: 578）。実際に〈アティス〉を見てみると、非常に均整のとれたオペラという印象を受ける。王の好みもなかなか洗練されたものであったことを窺わせる。

一九八七年のリュリの没後三百年を記念してこのオペラがウイリアム・クリスティの指揮によっ

て上演され、評判になった。その頃はまだフランスのバロック・オペラの上演はあまりおこなわれていなかったのだが、この上演をきっかけにバロック・オペラに対する関心が高まった。

シベールとアティスの神話

オペラの説明の前に、シベールとアティスの神話についての知識を画像の助けを借りて深めておこう。(図2・8)は子どものころのアティスの彫刻である。(図2・9)は青年アティス。(図2・10)の絵では下方真ん中で腰から下に三色の布を巻いた横向きの女性が「地の神」としてのシベールのイメージである。左下、川辺の老人は水の神である。右下、火がめらめらと燃えている穴の前にいるのが

図2-8 ドナテッロ（1386頃-1466）
子どものころのアティスの彫刻

図2-9　青年アティス

火の神である。左上の、オレンジ色の布をまとった女性は風の神である。良く見ると多くの鳥たちに囲まれている。

シベールは母なる大地の神であるので、地水火風の四大元素のうちの「地」の神として描かれている。四大元素は、世界は四つの基本元素から成り立っているという西洋思想の考え方で、西洋の芸術表現においては良く取り上げられた題材である。バレエ音楽でも取り上げられている例がある。ミシェル＝リシャール・ドラランド（一六五七〜一七二六）とアンドレ・カルディナル・デトゥーシュ（一六七二〜一七四九）共作の〈四大元素〉（一七二一）、恐らくこの作品に触発されたであろうジャン・フェリ・ルベル（一六六六〜一七四七）の〈四大元素〉（一七三七）が知られている。特に、ルベルの作品では四大元素の生まれる前のカオスの状態の表現に大胆な不協和音が使われていることが注目されている。

図 2-10　ヤコポ・ツッキ〈四大元素〉

東洋にも古くからこれと似た考えがあり、五行思想といわれる。こちらは、四つの要素ではなく、五つの要素から世界が成り立っていると考える。木火土金水の五要素で、五行といわれている。中国由来の思想であるが、日本にも古くから輸入されて広まり民俗的な風習の中に浸透している（吉野 1995)。

シベールは二頭の獅子によって引かれる車に乗る。なぜシベールの車を引くのが二頭の獅子なのかについてはアタランタとヒッポメネスの物語（Met II: 95–106）に書かれている。アタランタは美しい足の速い女性。自分と競争をして勝った男性と結婚するというので、多くの男性が挑戦するのだがなかなか勝てない。そんな中、ヒッポメネスがウェヌス（アフロディーテ［ギ］、ヴィーナス［英］）に助けを求め、三つの魔法のリンゴをもらってアタランタに勝利し二人は結婚する。しかし、ヒッポメネスがウェヌスに何も感謝やお礼をしなかったためウェヌスは怒って二人に復讐をする。二人がシベールの神殿の近くを通ったときに、聖なる場所でみだらな行為をするように仕向けたのである。シベールはその罰として二人を二頭の獅子に変えて自分の車を引かせるようにした。シベールは恐ろしい女神である。

では、「アティス」の内容を説明してゆこう。オペラの定型に従って、プロローグと五幕から成っている（DVD: Lully 2001）。

プロローグ

バロック・オペラのプロローグは上演当時の状況とオペラとの関係を説明する役割をもっている。例えば、〈アルセスト〉はフランシュ＝コンテの戦いに勝利した英雄（ルイ十四世）の帰還を祝うものであった。今回は、オランダとの冬の戦いで劣勢に追い込まれたフランスが一時休戦し、英気を養い春に再決戦をするまでの間を利用して英雄を鼓舞するためにこのオペラが上演されることになった、といういきさつがプロローグで示される。

フランス風序曲のあとでプロローグが始まると「時の神」が登場する。反撃のための好期を待っているという状況から連想される神であろう。次に、春の女神フロール（フローラ［ラ］）とその従者たちが現れて、春の訪れを示唆するが、そこに、やはり、春を告げる西風の神ゼフィール（ゼフュロス［ギ］）が現れて、春がくると英雄が戦いにいってしまうことを嘆く。すると悲劇の女神メルポメーヌ（メルポメネ［ギ］）が現れ、アティスの話に言及して第一幕から始まる物語へとつなげる。そこに虹の女神イリスが登場して、これから春を待つ間、皆でシベールとアティスの物語のオペラを上演し英雄の心を楽しませる祝祭をおこないましょうと宣言して、プロローグを終わる。

本体部分

第一幕からアティスとシベールのオペラが始まるが、基本的な筋は、『祭暦』と『変身物語』の記述を合体させたものである。アティスは魅力的な若者で、女神シベールはアティスを愛する。しかし、アティスはサンガリードを好きになったため、シベールは怒ってアティスに魔法をかけて狂わせ、サンガリードが怪物に見えるようにしてしまう。怪物と誤ってサンガリードを殺してしまったアティスは自殺してしまう。シベールはそれを深く悲しみ、彼を永遠に枯れることのない松の木に変身させたという話である。もとの話にない新たにつけ加えられた重要な登場人物として国王セレニュスがいる。サンガリードは物語の冒頭で、国王セレニュスと結婚することになっている。登場人物の関係を図示しておく（矢印は思いを寄せているということを示す）。

アティスとサンガリードは相思相愛。シベールはアティスに思いを寄せ、セレニュスはサンガリードとの結婚を望んでいる。シベールには召使のメリス、サンガリードには友人のドリス、アティスには友人のイダスという脇役がそれぞれ設定されている。召使や友人の脇役はシンメトリックな構成感を強めるとともに、主役の本人も意識していないような内面の真実を観客に暗示する重要な役割を果たしている。

第一幕

シベールの祭りの準備の場面から始まる。この幕で

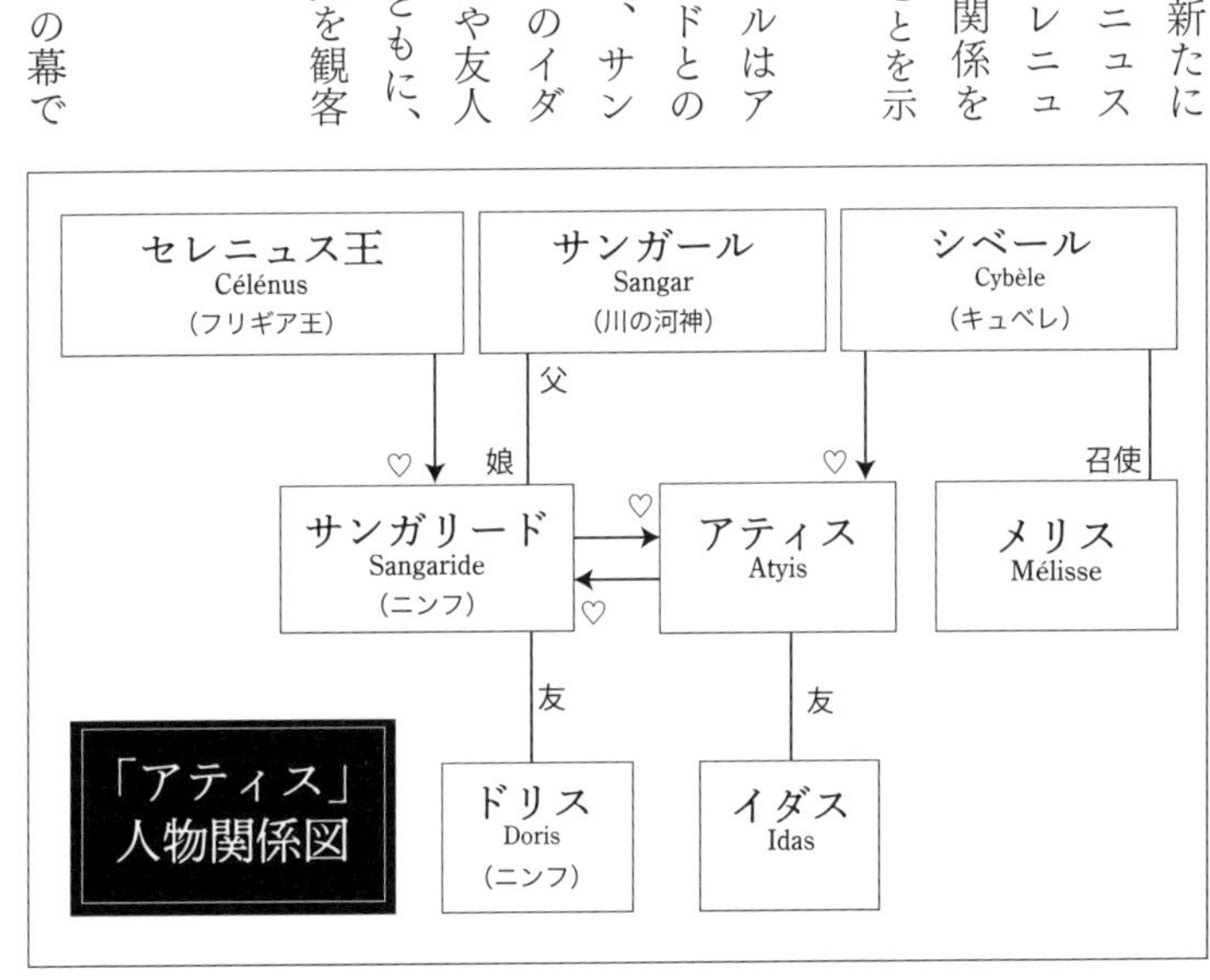

は二つの重要なことが示される。

一つは、アティスとサンガリードが相思相愛であることが確認されることである。最初は、二人とも自分の心を隠している。アティスは友人のイダスに、自分は女性には興味がないのだというようなことを言っている。サンガリードは国王セレニュスとの結婚を控え、その式に花を添えるためにシベールが参列するという設定になっている。サンガリードはアティスが自分を愛してはいないだろうと勘違いして、アティスへの愛をあきらめようとしていたのである。この状況から、二人の本心が次第に明らかになるような会話が続き、最後にはお互いの心を認め合う。

もう一つは最後の場で、シベールが登場してアティスとサンガリードの悲劇を予感させることである。シベールは非常に力強く、私を祭る者は、私を敬うだけでなく私を愛さなくてはならないと歌う。これは、のちにシベールの神官となるアティスに対する命令の言葉である。

第二幕

場面は、シベールを祭る神殿。シベールを祭る神官に国王セレニュスとアティスのどちらがなるのかが問題になっている。最終的には、シベール自身がそれを選ぶことになり、シベールは密かに愛しているアティスを神官として選ぶ。実際、シベールがセレニュスとサンガリードの結婚式に参列するのはアティスに会うための口実だったのである。ここで、第一幕の最後でシベールが「私を祭る者は私を愛さなくてはならない」と言った言葉が重みをもって感じられる。

第三幕

この幕では、シベールが魔法を使って自分の愛をアティスに知らせようとする。魔法の力でアティスを眠らせ、その夢の中で愛することの喜び、神に背くことの恐ろしさを伝える。このような眠りの場面は、イタリアのバロック・オペラに起源があり、バロック・オペラの定型となっていてよく使われる。この場面もその典型である。リュリの最晩年の傑作〈アルミード〉にも「眠りの場面」が出てくる。

この眠りからアティスが覚めたあとに、サンガリードが登場し、セレニュスを愛していないこと、結婚を取りやめたいことをシベールに告げ、助けを求める。アティスはサンガリードが自分との愛をシベールに言わないように仕向ける。この混乱の中から、シベールはアティスとサンガリードの愛を見抜き、サンガリードはアティスがシベールを愛していると誤解する。

第四幕

場面は、サンガリードの父親、川の神サンガールの宮殿である。サンガリードはアティスがシベールを愛しているのではないかと考え嘆いているが、アティスが登場し、サンガリードに対する変わらぬ愛を誓う。サンガリードとセレニュスの結婚を阻止するため、アティスは自分の神官としての力を使って、サンガリードの父親サンガールに娘の結婚を取りやめるよう命じる。

第五幕

シベールとセレニュスはこの結婚のキャンセルに対して、もちろん快く思うはずはない。特にシベールの怒りは激しいものである。シベールはアティスを罰するために魔法を使う。魔法の力でサンガリードが怪物に見えてしまったアティスは怪物を殺す。しかし、実はそれはサンガリードであった。正気に戻ってサンガリードの亡骸を見たアティスは自分のしてしまったことの恐ろしさに気づき、短剣で自らを刺して自殺する。瀕死のアティスをシベールは永遠に枯れることのない松の木に変身させる。

聴きどころ

〈アティス〉はＤＶＤが出ている（DVD: Lully 2001）。このＤＶＤでの演奏、演出を材料として聴きどころを紹介したい。前出の〈町人貴族〉や〈カドミュスとエルミオーヌ〉のＤＶＤと同様、当時のスタイルを再現することを理念とした演出である。

序曲

指揮者として登場するのがウィリアム・クリスティである。序曲はフランス風序曲である。付点音符のリズムを特徴とする二拍子系の部分Aが二回繰り返されて、三拍子系の速いテンポのBに移行し、最後に二拍子系の遅いテンポの部分Cになって終わる。終わり方は「ピカルディ終止」、又は、「ピカルディ三度」とも呼ばれる、短調の曲の終わりに最後だけ長調の明るい和音を鳴らして終わる終わり方である。この終わり方は、バロック時代の曲には良く見られ、このオペラの他の曲（特に大きな節目となる曲の終わり）でもしばしば用いられている。

なぜバロック時代に「ピカルディ終止」が多いのかについては次のように説明できるだろう。バロック時代には主に純正律（純音律ともいわれる。詳しくは、第三章の「協和音と不協和音の対比」を参照）が使われていた。この音律は、古典派・ロマン派以降に標準となる十二平均律とは異なって、ドーミの長三度がより快く響くような音律であった。ところが、その結果ドーミ♭の短三度はとても濁った音になってしまう。短調の曲をその主和音で終わらせるとドーミ♭ーソの和音を鳴らさなければならないのだが、それが濁った音になってしまう。特に最後の和音は長く伸ばすので濁りが目立つ。それを避けて長調の和音で終わらせるというのがピカデリー終止（三度）の考え方である。十二平均律では、この濁りはそれほど目立たなくなるので古典派・ロマン派ではあまり用いられなくなった。

プロローグ

序曲に続いてプロローグが始まると場面は時の神の宮殿。時の神が登場しルイ十四世を称え、それに呼応して合唱がルイ十四世を英雄として称える。

花の女神フローラの従者たちのニンフ（水の精）（三人）がロンドを踊る。舞曲はとてもシンプルで親しみやすい。当時のバレエの様式を意識したと思われる上品な振付の演出である。振付はフランシーヌ・ランスロとベアトリス・マッサン。視覚的に左右対称形を意識した演出が多く見られ統一を図る構成になっている。この踊りのあと、西風の神ゼフィールが出てきて踊りを一時さえぎるが、またニンフたちの踊りが繰り返される。フランスのバロック・オペラではこういうバレエの場面をあちこちに挟むことが定型となっている。当時の宮廷でのバレエの重要性を考えれば当然のことと理解できるであろう。

幸いにも、舞踏譜が残されているので、当時の様式をそれに基づいて復元することが可能である。一七〇〇年にラウール＝オージェー・フイエ（一六六〇頃～一七一〇）によって『舞踏記譜法（*Chorégraphie*）』が出版され、記譜のシステムが公にされた。この書物にボーシャンの名前はないのだが、当時もっとも有力な舞踏家で、振付や作曲もおこない、ルイ十四世のダンス教師をも務めたボーシャンがこの記譜法の作成に関わっていないとは考えられないことから、現代の研究者たちはこの舞踏記譜法を「ボーシャン＝フイエ・システム」と呼んでいる。これ以後、この記譜法による舞踏譜が数多く出版され、三百をこえる舞踏譜が現存している。舞踏記譜法の中心を占めるのはこの「ボーシャン＝フイエ・システム」であり、イギリスやドイツにも広まっていったが、これとは別のシステムの記譜法の存在も確認されている。一六八八年にヴェルサイユで上演された滑稽な仮面劇（マスカラード（mascarade））〈太ったカトの結婚〉の台本には振付師ジャン・ファヴィエ（一六四八～一七一九頃）による舞踏譜が付されていて、ファヴィエ・システムと呼ばれている。また、ルイ十四世に献呈するために、アンドレ・ロラン（生没年不詳）が作成した英国のコントルダンスの舞踏譜の手稿もある（浜中 2002: 17, 26–33）。

バロック時代が終わってもフランスのバレエ好きは続き、バレエの場面が多く挟まれるのがフランス・オペラ全般の特徴になっている。

第一幕

第一幕の始まりを告げる短いプレリュードのあと、「ゆこう、ゆこう、皆急げ。急いで集まれ。シベールが降りて来る。（Allons, allons, accourez tous. Cybèle va descendre.）」と歌いながらアティスが登場する。この歌は、何回か繰り返され、アティスが後ろに退いてサンガリードが登場するときにも同じ歌を歌いながら登場し、全体の統一感を高めている。

このあと、アティスとサンガリードの場面が続き、アティスが退場するとサンガリードは自分の苦しい心を表すアリアを歌う。それに続いて、友人のドリスに自分がアティスを愛していることを告白する。このサンガリードのアリア（〈アティスは幸せ過ぎる〉（Atys est trop heureux））では「シャコンヌ」の作曲法が使われている。「シャコンヌ」は、印象的な場面でよく使われる。この場面も、サンガリードが本当に愛しているのは、これから結婚が予定されている王セレニュスではなく、アティスであることが初めて明らかになる場面であるので重要な意味をもっている。この曲の場合、ニ短調で、主音のニから下がる四つの音形（ニ、ハ、変ロ、イ）が繰り返されている。この演出では、サンガリードは舞台上手（向かって右）の方向に後ろ向きでゆっくり移動しながら歌っているが、この低音部（通奏低音）の音型のイメージから来ている所作なのであろう。

さて、この幕の最後にいよいよシベールが登場する。シベールの登場を示す短いプレリュードのあとに、左手に松の枝を持ち、右手に短剣をもって登場するシベールの姿は、すでにこのオペラ全体の内容を暗示している。第五幕でアティスが自ら短剣を胸に刺して死のうとすること、そのアティスをシベールが魔法によって常緑樹の松に変身させるという結末が予告されるものになっている。登場したシベールの歌う歌の内容は「私を祭る者は、私を敬うだけでなく、私を愛さなくてはならない」というものである。「私を愛さなくてはならない」というところが問題なわけで、その歌詞が始まると低音部（通奏低音）が不気味な雰囲気の音型を演奏し始める。マーチ風の決然とした感じの音型で、シベールの情念の深さ、容赦なく罰する力強さを表現するような音型である。通奏低音によって重要なポイントを表現するのもバロック音楽の特徴である。

第二幕

この幕で自分を祭る神官としてアティスを選ぶことをシベールは決定する。王セレニュスにそれを告げたあと、召使のメリスに自分はアティスを愛していることを話す。その最後に、このことを魔法によってアティスに知らせようとシベールが言って、これが次の幕の最初の場面につながる。そのあと、人々がシベールを称える歌を歌い、西風の神（ゼフィール）たちのダンスが挟まれる。この演出では二人の西風の神が踊っている。このダンスの舞曲(中ぐらいのテンポ、三拍子、ト短調)は、軽快でありながらも微妙な憂いを含む印象的な曲で、最後にこの曲が器楽だけで演奏されて、第二幕が終わる。

第三幕

第二場がアティスの眠りの場面である。これは、実はシベールの魔法によるもので、夢を通じてシベールの愛が伝えられる。眠りが擬人化されて登場し、夢の内容がバレエで踊られる。音楽は眠りを誘うような、ゆっくりとした波を打つような音型で続けられる。

シベールが夢の魔法で自分の心を伝えようとしたにもかかわらず、アティスの心はサンガリードに向いているとわかったシベールは、この幕の最後、第八場で悲しみのアリアを歌う。最初の歌詞「これほど愛しく、甘美な希望（アティスのことを表している）、ああ、あなたはなぜ私を裏切るのですか？（Espoir si cher et si doux, ah, ah, pourquoi me trompez-vous?）」（＝A）が繰り返されて全体の統一が図られている。器楽の前奏＋A＋B＋A＋C＋A＋器楽の後奏＋Aという構成で、次第に深まる悲しみを表している。アティスのことを「これほど愛しく、甘美な希望」と呼ぶ詩的な表現の意味を端的に言えば「私がこれほど愛しているのに、なぜあなたは私を裏切るのですか？」ということであり、このアリアがシベールの女性としての人間的な感情を最もよく表している曲である。

第四幕

第四場で、アティスがシベールのことが好きなのではと勘違いしたサンガリードとアティスの二重唱がある。リュリの二重唱の典型であるが、最初は語るような口調（レシタティフ）で代わる代わる順番に歌い、だんだんと感情が高まるとともに歌の要素が強まってゆく。本格的な二重唱になって二つの声部が重なるところでも歌詞が聞き取れるように工夫がされている。この誤解がとけて、アティスとサンガリードがお互いの愛を誓いあい、サンガリードと王セレニュスの結婚はキャンセルされることになる。

第五幕

シベールによる復讐の最終幕である。第一場で、アティスとサンガリードはシベールに赦しを請うが、シベールの怒りはおさまらない。シベールによって魔法をかけられたアティスが怪物と思いこんで退治したのは、実はサンガリードであった。サンガリードが怪物に見えて殺してしまうその瞬間は舞台上では演じられない。コーラスの歌詞、姿を見せずに舞台裏から聞こえてくるサンガリードの声でその死が知らされる。オペラに限らず、当時の演劇では、殺人などの残酷な場面を舞台上で演じて観客に見せてはならないという約束があった。

自分がサンガリードを殺してしまったことに気がついたアティスは自分も死のうと思い短剣で胸を刺す。アティスを松の木に変身させる場面では、シベールを祭る神官たち（コリュバース僧）が松を手にして登場する。ここからシベールの独唱と神官たちの合唱が交互に現れる構成になる。

途中からよく耳をすますと、通奏低音にポジティフ・オルガン（持ち運びのできる小型のオルガン）が加わっているのが聞き取れる。オルガンは宗教的な雰囲気を出す楽器なので、通奏低音にオルガンを加えることによってアティスの死を悼む気持ちが強調される。通奏低音を担う楽器としては、チェンバロ、オルガン、バロックギター（テオルボ）、チェロ、ヴィオラ・ダ・ガンバなど色々あるのだが、表現される内容に応じてどの楽器を選ぶのかも演奏家に任された重要な表現手段である。

この場面でもシベールの独唱と合唱との組み合わせが次第に悲しみを深めるよい効果を出している。〈アルセスト〉の死の場面と同じ手法である。

このDVDの演出では、歌の部分が終わるとリコーダーと通奏低音の器楽曲が演奏される。前半六小節（繰り返しがある）と後半九小節の短いサラバンドである。この器楽のみの部分は、その前の歌と合唱で感情が深まっていったあとの余韻を作り出す魅力的な一曲である。ただし、いくつかの楽譜を見てみるとこの曲は踊られたのではないかという推測もできる。フランス国立図書館の手稿譜には「笛のためのサラバンド（Sarabande pour les flutes）」という表記があり、ヴェルサイユの市立図書館の手稿譜には「踊りのための笛（Flutes à danser）」という表記がある。また、一六八九年に出版されたクリストフ・バラール社の楽譜には「水の精のアントレ（Entrée des Nymphes）」と書かれている。主としてこのバラール版に基づいた現代のニコラ・ソーの校訂譜では、「Entrée des Nymphes」と書かれたあとに括弧つきで〔Flutes〕という校訂者による追記がある。「水の精のアントレ」という表記はこの曲の魅力と相まって、あることを想起させる。サンガリードは水の精であった。そうするとこの曲はサンガリードの心を表しているのではないか。そういえば、ギリシア神話にシュリンクスの神話があった。シュリンクスという水の精が牧神（半獣神）に追いかけられ川まで逃げたがそこで葦に変身し、牧神は彼女を悼んで葦笛を作って吹き鳴らしたという話である。この話を前提とすれば、ここで水の精のアントレを演奏する楽器は笛以外にはありえない。アティスは死んで松に変身したが、サンガリードが死んで変身するとすれば笛である。それゆえ、「Flute（笛）」という楽器指定がことさらに書かれているのであろう。

最後にこのシベールとアティスの話の魅力の中心はどこにあったのか考えてみよう。まず、シベールは母なる大地の女神とされ、再生の神でもあった。それゆえ、冬が終わってあらゆる植物が再生する四月の初め、春の訪れとともにシベールの祭りが催されていた。このイメージは春の戦いでの勝利を期する休戦中の英雄の慰めとしてはぴったりのものと言えるであろう。

次に、シベールの心の矛盾である。オペラのタイトルは「アティス」になっている。主人公の死という結末をもつ話が「悲劇」の定義であるという考えがのちに成立してくるが、この定義に則ればこの悲劇の主人公はアティスである。しかし、話の筋の全体を通じて実際の主人公はシベールだといってよいほどシベールの存在感は重いものがある。シベールはアティスに対して、愛と憎しみという二つの感情を同時にもっている。その複雑な感情をどれほど巧みに表現できるかがこのオペラの聴きどころである。二つの対立する感情の間を揺れ動く複雑な感情表現をどれほど巧みにおこなうことができるか、これはまさにバロック的なテーマなのである。そして、この対立する感情を同一の対象に対して同時にもつもう一人の女性（魔女）の例が、トロクァート・タッソ（一五四四～九五）の叙事詩に登場するアルミードであり、次の節で扱うオペラ〈アルミード〉は、キノーとリュリのオペラの最高傑作として長く語り継がれることとなった。

5　〈アルミード〉

オペラ〈アルミード〉は一六八六年初演である。リュリの没年が一六八七年三月で、本格的なオペラとしては彼の最後の作品となった。リュリは一六八七年にルイ十四世の病気平癒を祝うための曲として〈テデウム〉（宗教曲）を作曲している。リュリはその指揮をしていたのだが、当時の指揮棒は長い杖のようなもので、その杖を縦に振っている間に間違って自分の足を指してしまったのである。その傷口からばい菌が入ったことが原因で一六八七年三月二十二日に亡くなっている(Prunières 1929: 254–259)。

『エルサレム解放』と〈アルミード〉

〈アルミード〉の台本もキノーによる。素材となったのは、タッソ作の叙事詩『エルサレム解放』（一五七五）である（タッソ 2010）。この叙事詩は十字軍をテーマとしたもので、キリスト教軍とイスラム教軍との戦いが描かれている。イタリアのバロック文学の先駆的作品である。二十歌（カント）からなる長編叙事詩で、その筋の特徴はキリスト教軍の英雄男性戦士とイスラム教軍女性戦士が敵同士でありながら恋に落ちるという設定である。この愛と戦いの物語を繰り広げる二組のカップルが登場する。その一組はキリスト教軍の英雄タンクレーディとイスラム教軍の女性戦士クロリンダであり、もう一組はキリスト教軍の戦士リナルドとイスラム教軍の女性戦士アルミーダの物語である。キノーの〈アルミード〉は後者のリナルド（ルノー［仏］）とアルミーダ（アルミード［仏］）の物語を基として作られている。以後、人名はフランス語表記を用いる。

キノーの〈アルミード〉の台本の筋の要点は、タッソの『エルサレム解放』の第四歌、第五歌、第十歌、第十四歌、第十五歌、第十六歌から採られている。

〈アルミード〉の第一幕は第四歌、第五歌、第十歌のエピソードを要約している。アルミードのおじでダマスカスの領主イドラオ（イドラオーテ［伊］）は呪術師でアルミードの魔術の師でもある。アルミードはイスラム教軍の女性戦士であると同時に魔女として描かれる。イドラオの勧めによって（第四歌）アルミードはキリスト教軍の戦士たちを自らの魅力によっておびき出し捕虜として幽閉することに成功する（第五歌）。しかし、捕虜にされてしまった戦士たちは、アルミードの虜とならなかったルノーによって解放される（第十歌）。

第二幕は、第十四歌から採られている。自分の虜囚を奪還されて激怒したアルミードはオロンテス川のほとりでルノーに罠を仕掛ける。そこでルノーを殺そうとするのだが、彼を愛してしまい、魔法の力で魔法の島に連れ去り、戦いを忘れさせてしまう（第十四歌）。

第三幕は砂漠の場面であるが、このもととなる話は『エルサレム解放』にはなくキノーの独自の創作である。

第四幕は、ルノーの二人の友人ユバルド（ウバルド〔伊〕）とデンマークの騎士がルノーを助け出すべく魔法の島へ向かう（第十五歌）。

第五幕。魔法の力でアルミードを愛するようにされていたルノーを見つけ、アルミードがそばを離れたすきに首尾よくルノーを助け出して奪還する（第十五歌）。ルノーを連れ去られてしまったアルミードは復讐を誓い、魔法の城を破壊する（第十六歌）。

〈アルミード〉と帝国の理念

ギリシア悲劇や神話ではなく、比較的近い時代の文学作品から題材を採っているところが、今まで見てきたリュリのオペラと違う点である。このテーマを選んだのはルイ十四世自身であったことが伝えられている。王の侍従長であったダンジョーの一六八五年五月十六日の日記にこう書かれている。「キノーがモンテスパン婦人のところにいた王に次の冬のオペラのための三つの台本をもっていった。一つはヘラクレスの息子のマラリック、二番目がセファルとプロクリス、三番目がアルミードとルノーであった。王はこの三つとも気に入ったが、アルミードの台本を選んだ」（Beaussant 1997: 687）。ヘラクレスの息子のマラリックの物語については不明であるが、セファルとプロクリスについてはギリシア神話にセファル（ケパロス［ギ］）とプロクリスの物語がある。猟の好きな美しい青年セファルとその可愛らしい妻プロクリスは仲睦まじい夫婦であった。ところが、ある誤解がもとでセファルは藪の中にいた妻を野獣だと思って、投げ槍で射てしまう。すべて誤解だとわかったときにはすでに遅くプロクリスはこと切れてしまうという悲劇である（Met I: 292–303「ケパロスとプロクリス」）。

なぜアルミードが採用されたのか。そのヒントはプロローグにある。プロローグではルイ十四世が「帝国」を統べる王であることが強調される。帝国は単なる国ではなく、支配下に置かれる様々な民族の国々の集合体である。それらの国々を統率するのが皇帝で、皇帝は単なる国王とは違った性格をもつ。簡単に言えば、複数の植民地をもち、それらを皇帝が統治しているのが帝国である（大英帝国、大日本帝国など）。〈アルミード〉のプロローグには、「知恵（Sagesse）」が登場して歌う歌詞の中に「彼（ルイ十四世を指す）は、百の異なった国々の絶対的な統率者」という一節がある。これは、まさにルイ十四世の皇帝としての性格を強調するものである。〈アルミード〉でルイ十四世になぞらえられるのはキリスト教軍の英雄ルノーである。ルノーが戦って勝利する相手は異教徒のイスラム教軍であるから、皇帝の性格を強調するには好適な題材であった。その意味で、このオペラに至って、褒め称えられるルイ十四世の英雄としてのあり方が単なる国王ではなく皇帝のレベルにまで上がっている。この皇帝の偉大さを強調するのが、「男性」対「女性」、「キリスト教」対「異教（イスラム教）」、「知恵」対「魔術」、「感情に打ち勝つ」対「感情に負ける」、というような様々なレベルにおける対立構図である。このような対立構図を通じてキリスト教の国々であるヨーロッパの優位性を主張する絶好のテーマが十字軍であった。

ニコラ・プッサン

オペラの内容に入る前に、ルノーとアルミードの物語のクライマックスの場面を当時のフランスの画家、プッサンが描いている〈ルノーとアルミード〉があるので見ておこう（図2・11）（口絵9）。現在は、ロンドン南部のダリッジ美術館にある。この場面はオペラでは第二幕の最後の場面（第五場）である。復讐のために魔法の力でルノーを眠らせたアルミードは、殺してしまおうと短剣を片手に近づくが、直前にルノーに対する愛の芽生えを感じ結局殺すことができない。川の中州の木陰という設定である。アルミードの両腕、ルノーの両腕、両足の描き方が楕

図2-11　ニコラ・プッサン〈ルノーとアルミード〉

円をイメージさせる。アルミードの右腕を抑えているのは愛の神アムール（キューピッド［英］）である。アルミードの心に愛が芽生えて短刀をもつ手が動かせないことをこのように表現している。本来心の中に芽生える感情を、愛の神アムールを描いて視覚化するような表現をアレゴリー表現という。バロック時代にはよくある表現である。オペラのプロローグに、音楽、知恵、栄光、などの抽象的な概念が登場人物として現れるのもアレゴリー表現の一種であり、「アレゴリー的登場人物」ともいわれる。バロック的な二項対比は色彩にも見て取れる。アルミードの衣装の青、ルノーの衣装の黄色（オレンジ）は補色の関係にある。その色の対比は空の色にもあり、右側の青、左側のオレンジが、衣装の対比と逆転の対になっている。アルミードの上半身の描き方はタッソの記述に忠実である。「そしてそこ（オロンテス川の方）から黄金色の髪がわずかばかり現れ出ました、そしてそこからうら若い女の顔が浮かび上がりました、そしてそこからまた胸と乳房が……」（第十四歌、第六十連、タッソ 2010: 368）。剣をもっていないほうのアルミードの左手が、ルノーの右手に触れているところの描き方も絶妙といえる。触覚的な表現である。オペラでもこの場面がクライマックスとして作曲されているが詳しくはあとで述べることにする。

プッサンについてはモンテヴェルディの〈オルフェオ〉の説明のところですでにのべたが、この時代のフランスの最も代表的な画家の一人である。フランスのノルマンディー地方の村で生まれ、二十九歳のときにローマにゆく。一六四〇年～四二年の間に一時フランスに戻ったことがあるが、それ以外はローマで過ごしている。どのような顔つきの人物だったか、自画像を見てみよう（図２・12）。

最も有名な絵は〈アルカディアの牧人たち〉（図2・13）ではないかと思う。アルカディアとはギリシアの神話に出てくる理想郷である。何の心配もなく静かに暮らせる村のイメージであるが、そのアルカディアにあるお墓の前にいる一人の女性と三人の若者（羊飼い・牧人）が描かれている。村にいる若者は、羊飼いの青年と羊飼いの娘という考えは西洋の物語のお決まりのパターンである。「羊飼い」と出てきたら「村人」と同じ意味だと考えて間違いない。オペラの登場人物でも同じである。神々、王・王女・王子・姫などの貴族に対する村人は「羊飼（berger）」と呼ばれている。一例を挙げると、〈アルセスト〉で三途の川の渡し守カロンの歌うアリアの歌詞として紹介した一節に次のようなものがあった。「遅かれ早かれ、人はこの川を渡らなければならない。私の船に乗らなければならない。若かろうが年寄だろうが、運命に従って、羊飼いでも王様でも。渡りたい人（幽霊）は渡し賃を払わないといけない。」ここで、「羊飼いでも王様でも」というのは「どんな身分の人でも」という意味で、一番身分の低い庶民が羊飼い＝村人で一番身分の高い貴族が王様として挙げられている。この表現

図2-12　プッサンの自画像

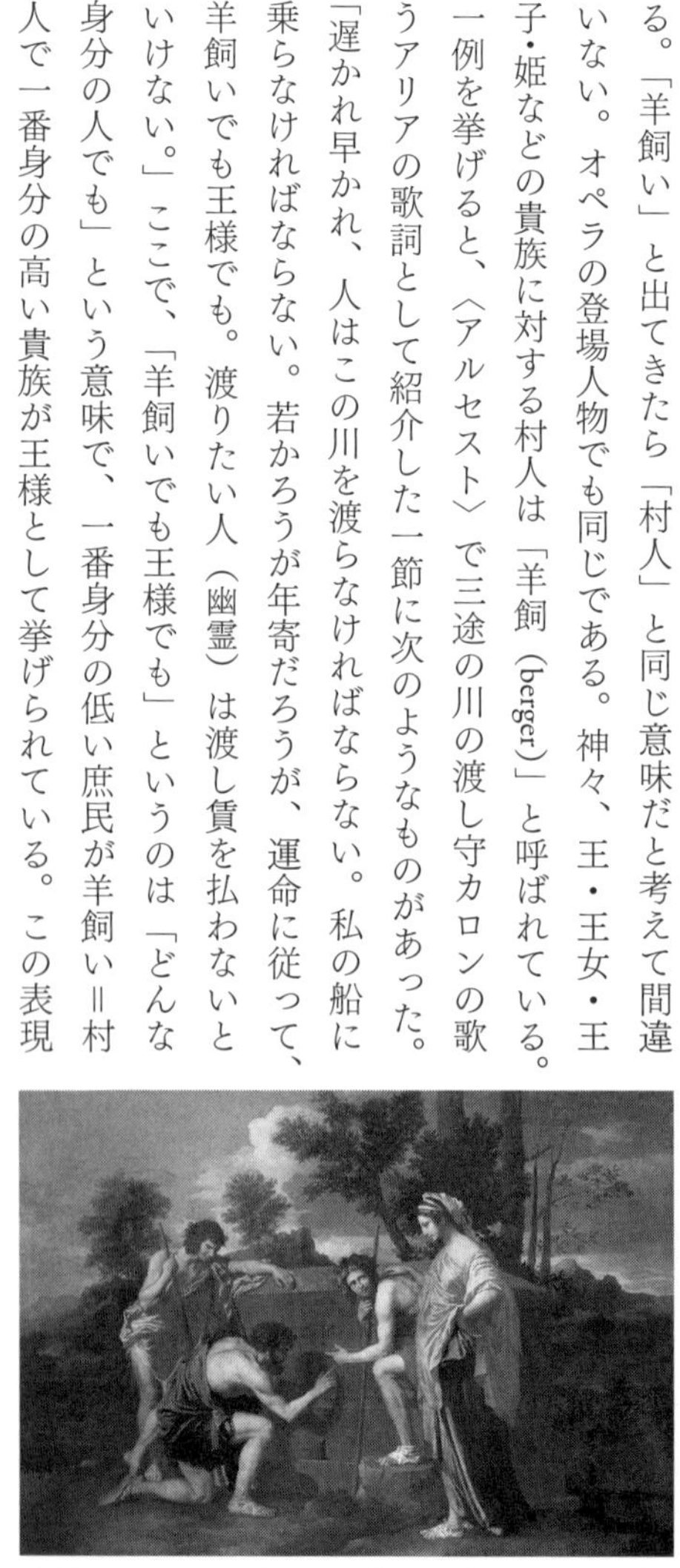

図2-13　ニコラ・プッサン〈アルカディアの牧人たち〉

には西洋の牧畜文化が背景にある。村人のイメージは文化によって異なり、例えば日本では稲作文化を背景としているので、村人と言えばお米を作っている農民というイメージが第一にくる。

この牧人たちはお墓に書いてある文字を指さしている。そこにはラテン語で「私（＝死）はアルカディアにもいる（Et in Arcadia ego）」と書かれている。このことから、平和な理想郷にも死はあるという「死を忘れるな（メメント・モリ）」のモチーフであると理解される。「メメント・モリ」の絵はバロック絵画に多く存在するが、画面の一部に頭蓋骨などが描かれる例が多い。

（図2・14）は〈時の神の音楽のダンス〉である。左の図は（図2・14）のための素描であるが、この絵画が目指したと思われる動きの描写が、完成図よりはっきりとわかると思うので挙げておいた。画面の右下方にいる老人が時の神でリラを弾いている。時の神は〈アティス〉のプロローグに登場していた。その音楽に合わせて踊っているのが、「貧困」「労苦」「富」「喜び」が擬人化された四人のダンサーである。完成作で両側にいる子どもは左がシャボン玉を吹き、右が砂時計を見ている。いずれも、過ぎ去る時を表し、

図2-14　ニコラ・プッサン〈時の神の音楽のダンス〉とその素描（左）

これらも「メメント・モリ」のモチーフである。天空に描かれているのはアポロン（太陽神）とオーロラ（夜明けの神）でこれからやって来る夜明けを予告している。「人生とは、流れゆく時の中で、貧困、労苦、富、喜びが輪舞のようにめぐって過ぎてゆくものだ」ということを表す寓意（アレゴリー）絵画である。

〈ナルキッソスとエコー〉（図2・15）はオウィディウスの『変身物語』（Met I: 113–121）にあるナルキッソスとエコーをテーマとしている。エコーは相手の言葉の最後を繰り返すことしかできない水の精（ニンフ）で、ナルキッソスに恋をするが、ナルキッソスは受け入れない。エコーのみならず誰にも心を動かさないナルキッソスは復讐の女神の呪いによって水に映った自分の姿に恋をするようになってしまう。しかし、もちろんその恋も報われることなく、そのためにやつれはてたナルキッソスは水辺で死んでしまう。この絵は死んでしまったナルキッソスを見て悲しむエコーを後ろの岩に溶け込むような形で描いている。恋の物語なのでアモル（キューピッド［英］）が描かれている。空の色は左が青で右下がオレンジで、位置は逆であるが、（図2・11）の〈ルノーとアル

図2-15
ニコラ・プッサン
〈ナルキッソスとエコー〉

ミード〉の絵画と類似の手法が見られる。

〈フローラの勝利〉（図2・16）は群像を描いた作品である。プッサンの作品は幾つかのタイプに分けられるが、その中でも群像表現は多くあり、生涯を通じて追及したテーマではないかと思う。群衆の流動的な動きの表現が極められている。この絵はフローラ（馬車に乗っている）（花の女神、春の女神）の勝利の行進である。フローラも〈アティス〉のプロローグに登場していた。周りを取り巻く人物たちはオウィディウスの『変身物語』で花に変身した人物たちを集めて描いている。

さて、オペラの話から脱線して、プッサンの絵画について多少長く書いたのはこの時代のフランスのオペラを知るうえでもプッサンのこれらの絵画を見ておくことが非常に重要だと思ったからである。プッサンの絵画も、リュリのオペラも同じ時代精神を表している。プッサンの絵画の主要テーマの一つはギリシア・ローマの神話である。これまで見てきたリュリのオペラにもギリシア・ローマの神話が盛り込まれている。タッソの叙事詩もこの時代の絵画やオペラに素材を提供している。こう考えると、オペラ

図2-16
ニコラ・プッサン
〈フローラの勝利〉

の精神を知るためには、同時代の絵画について知っていることが非常に重要な助けとなることがわかる。その逆もまた然りである。現代の音楽家たちには絵を見てもらいたいし、画家たちには音楽を聴いてほしい。それによって、それぞれのイマジネーションの世界がどれほど広がるかは計り知れないものがある。十九〜二十世紀は芸術の各ジャンルの細分化、専門化が進んだ時代である。画家は絵を描くだけ、文学者・詩人は文字を書くだけ、音楽家は音楽をするだけになっていった。しかし、二十一世紀は各ジャンルの融合の時代に向かっているのではと思う。現代とは異なったものであるが、バロック時代にはこの融合の一つの例が見られる。

それでは次に、オペラ〈アルミード〉のあらすじを述べておく（CD: Lully 1982）。

〈アルミード〉のあらすじ

プロローグ

「栄光（Gloire）」と「知恵（Sagesse）」が登場する。抽象的概念を擬人化したアレゴリー的登場人物。この二人は英雄（ルイ十四世）を褒め称える。この二人の登場人物は、英雄が「知恵」の力でアルミード（魔術）に打ち勝って「栄光」を得る物語がこれから始まることを示すものである。英雄は愛欲にも打ち勝つというテーマは〈アルセスト〉でも見られた。

第一幕　イドラオの宮殿

アルミードのおじイドラオの宮殿で幕が開く。イドラオはアルミードの魔術の師であり、姪のアルミードに敵陣（キリスト教軍）と戦うように勧めた人物である。アルミードはこの勧めに従って勝利し、多くの兵士を捕虜とすることに成功した。第一幕はアルミードがこの勝利のあと、おじの宮殿に戻ったところから始まる。作戦に成功したにもかかわらずアルミードは喜んでいない。キリスト教軍の戦士ルノーが自分の魅力に屈せず捕虜とならなかったことが不満なのである。アルミードはルノーを憎むと言うが、その憎しみの理由は彼だけが彼女の美しさに屈しなかったことに対する怒りである。すでにここで、ルノーに対する愛と憎しみの同時存在というこのオペラの基本テーマが示されている。それは、イドラオが結婚を勧めたときのアルミードの次のような答えに暗示的に示されている。「ルノーを打ち負かした人、もし、誰かにそれができるなら（傍点筆者）、その人こそ私の

図2-17
アルミードの宮殿

結婚相手としてふさわしい人物です。」

このあとに、勝利を祝う余興（ディヴェルティッスマン）が続くが、そのさなか、第四場（最終場）で、ルノーによって捕虜が解放されてしまったという知らせが届く。復讐の決意が表明されて次の第二幕へとつながる。

第二幕　川の中州

この幕が、プッサンの絵（図2・11）で示された場面である。アルミードは魔法によってルノーを眠らせて、短剣で一突きに殺してしまおうとするのだが、彼に近寄ったとたんに、愛が芽生えてしまいそれができない。そのため、アルミードは別の方法を考える。殺すだけが復讐ではない、魔法の力で彼が私を愛するようにして、私が彼を憎めば、彼に苦痛を与えることができる。こう言って、ルノーを砂漠に連れ去る。

第三幕　砂漠の場面

ここで、アルミードはルノーを何とかして憎もうと思うのだがなかなかできないという状況が描かれる。何とか憎むことができるようにと憎しみの神（図2・18）が呼び出される。砂漠の場面はタッソの原作にはなくキノーの創作として加えられている。「砂漠」という発想はイスラム教徒の住む場所からの連想かもしれないし、第二幕が川の中州で水にちなんだ場所であるため、その対極として水のない「砂漠」が選ばれたのかもしれない。

第四幕　ルノーを救出しようとする二人の友人が魔法をかけられる場面

アルミードによって連れ去られてしまったルノーを連れ戻そうという二人の友人、ユバルドとデンマークの騎士（タッソの原作では、名前はカルロ）が、アルミードの魔法に立ち向かう様子が描かれる。

第五幕　アルミードの魔法の島の宮殿

アルミードの魔法の宮殿にいるルノーを二人の友人たちが見つけ出し首尾よくルノーを助け出す。船に乗って去ってゆくルノーを見て、愛する人と別れる苦しみと憎しみをアルミードは歌う。最後には憎しみが強くなり、復習を誓って、魔法の宮殿を破壊（図2・19）して飛び去り、終幕となる。

図2-18 「憎しみ」

図2-19 終幕

（図2・20）はだいぶあとになってから（一七六一年）の上演の図版であるが、舞台や観客の様子なども描かれている。舞台上向かって左、大きなスカートをまとい、右手に魔法の杖をもつ女性がアルミード、それに対する右側の男性がルノーである。二人を囲む女性たちはアルミードの従者の女性たちである。

アルミードの物語の中心にはアルミードがルノーに対して抱く矛盾した感情の表現がある。アルミードはルノーに対して「愛」と「憎しみ」を同時に抱く。合理的に考えれば、これはありえないと思うかもしれないが、感情の論理に立ってみればこれが真実なのである。「愛」と「憎しみ」を相いれない反対概念としてとらえるのは言語によって惑わされた我々の認識であって、感情のありのままの姿は、正反対のものの間を揺れ動く振り子のようなものである、というバロック的な主張を見て取ることができる。

図2-20　1761年の上演

聴きどころ

二〇〇八年に録画された全曲のＤＶＤがあるのでそれを基にしながら聴きどころを解説する。このＤＶＤは現代的な演出で、少し納得のいかないところもあるのだが、そのような点も含めて解説したい。

現代的な演出の軸となる趣向は現在の現実と物語の世界を「夢」という仕掛けでつなぐことである。幕が開いて序曲の間に示されるのは現在の観光地としてのヴェルサイユ宮殿である。「次の見学は十九時三十分です（Prochaine visite à 19:30）」と示されている観光客に対する案内が舞台上に見える。そのあとに、観光客のかっこうをしてオペラの観客席に入って来る人々は合唱のメンバーで、プロローグが始まると客席で歌うという演出になっている。

序曲が終わると「栄光（la Gloire）」と「知恵（la Sagesse）」が登場するが、両者とも観光ガイドのかっこうをしている。最初に「栄光」が歌い、次にほぼ同じ歌詞を「知恵」が歌う。ここでは、すでに少し紹介した「知恵」の歌う歌詞を見てみよう。

①世界のすべては屈服しなくてはならない　　Tout doit céder dans l'Univers
②私の愛する威厳ある英雄に。　　A l'auguste héros que j'aime.

③彼はあらゆる怪物を鎖につなぐ方法を知っている。 Il sait l'art de tenir tous les monstres aux fers.
④彼は、百の異なった国々（民族）の絶対的な統率者。 Il est maître absolu de cent peuples divers.
⑤そしてさらには、自分自身の統率者でもある。 Et plus maître encore de lui-même.

当時のオペラの台本は脚韻を踏んで書かれている。その一例をこの五行で示すと、これら五行の脚韻は①「〜エル（〜 ers）」、②「〜ム（〜 me）」、③「〜エル（〜 ers）」、④「〜エル（〜 ers）」、⑤「〜ム（〜 me）」であり。ＡＢＡＡＢの形になっている。

この歌詞のうち帝国を統べる皇帝のイメージとして重要なのは④の歌詞である。帝国とは、単なる一つの国ではなく、多くの異なった民族の国々を支配しその上に立つ大規模な国家だからである。〈アルミード〉で示される最も重要な王のイメージはこれである。③の怪物を退治できる王のイメージはカドミュスの大蛇退治で、⑤の自分自身を統率できる王のイメージはアルシードが自らの恋心に打ち勝ってアルセストをアドメートに引き渡すという行為によってすでに示されていた。

しばらく「栄光」と「知恵」の歌が舞台で続いたあと、画面は舞台を離れて現在のヴェルサイユ宮殿の実写になる。観光ガイドの「栄光」と「知恵」が観光客を案内し、観光客は踊り手となり、バレエの場面を鏡の間や庭園などで踊る。プロローグの最後近く、観光客のうちの一人の背広を着た男が王のベッドに入り込んで眠ってしまったことに誰も気づかない。ベッドで眠る男のフェード・アウトからまた舞台に戻り、ここからがアルミードの物語の始まりとなり、第一幕が始まる。舞台中央には女王のベッドがある。アルミードの侍女が二人舞台袖から登場するが、そのあとでアルミードはこのベッドから現れる。この演出はこれから始まるアルミードの物語がこの男(ルノーを演じる)の夢であることを暗示している。アルミードの衣装は赤のロングのワンピースで衣装も現代的なものになっている。

このプロローグの演出について考えてみよう。ルイ十四世の時代のフランス・オペラのプロローグは作曲された時点での現実の状況と作品との関係を示すためのものである。よって、作曲された時点から三百二十二年後（このＤＶＤがシャンゼリゼ劇場で録画されたのは二〇〇八年）に上演するときにこのプロローグをどうするかということは大きな問題になったと思う。もちろん、これまでに紹介した〈カドミュスとエルミオーヌ〉や〈アティス〉のＤＶＤでもこの問題がなかったわけではないが、これらのオペラのＤＶＤの制作方針としては衣装や照明なども当時の状況をなるべく忠実に再現するという目標を掲げることで解決しているともいえる。しかし、この〈アルミード〉のＤＶＤは現代的な演出を掲げているし、また、本体の筋の内容も他の二作とは次元が異なる。他の二作はギリシア・ローマの神話を題材としている。しかし、タッソの『エルサレム解放』は神話ではない。創作とはいえ背後に十字軍という歴史的事実がある。その事実を背景としてイスラム教軍に対するキリスト教軍の勝利をテーマとするもので、極めて現実的な政治的メッセージを伝えている。〈アルミード〉のプロローグは形式的にも内容的にも現実との関わりが強いのである。

この政治的なメッセージがあまりにも直接的に示されることを和らげているのが、「観光」と「夢」

という演出の働きである。「夢」が現実の反対の性質をもつことはわかりやすいと思うが、「観光」もまた日常性からの逸脱の中で営まれる活動である。ヴェルサイユ宮殿を世界遺産として観光することは過去の出来事を今の現実から切り離して愛でる鑑賞体験になる。この演出によって我々は第一幕から始まる物語を夢の中の出来事としてあたかも観光旅行をしているような視線で鑑賞する心の準備が整う。

第二幕

第一幕は省略して、クライマックスの第二幕に入りたい。第三場はルノーが魔法で眠ってしまう場面である。器楽による前奏は大きな川の流れを表す動きで始まる。以下は、ルノーの歌うアリアである。

第三場

〈前奏〉

（ト書き）ルノー、一人

見れば見るほど素晴らしい場所だ。

大きな川がゆっくりと流れ

魅力的な場所を離れるのが名残惜しそうに岸から離れてゆく。

Prélude

Renaud, *seul*

Plus j'observe ces lieux et plus je les admire

Ce fleuve coule lentement

Et s'éloigne à regret d'un séjour si charmant.

この上もなく愛らしい花と最も甘美な西風が、
吸い込む空気を良い香りで満たす。
いや、これほど美しい岸辺を離れることはできない。
快い音が水音に混ざる。
魅せられた鳥たちはそれを聴くために沈黙し、
眠気の魔力にほとんど打ち勝つことができない、
この芝生、この涼しい木陰、
全てが私を誘う、この厚い葉陰の下で休むようにと。

Les plus aimables fleurs et le plus doux Zéphire
Parfument l'air qu'on y respire.
Non, je ne puis quitter des rivages si beaux.
Un son harmonieux se mêle au bruit des eaux.
Les oiseaux enchantés se taisent pour l'entendre,
Des charmes du sommeil j'ai peine à me défendre,
Ce gazon, cet onbrage frais,
Tout m'invite au repos sous ce feuillage épais.

〈前奏〉（繰り返し）
（ト書き）ルノーは川岸の芝生の上で眠り込む。

Prélude (reprise)
Renaud *s'endort sur un gazon, au bord de la rivière.*

ルノーは背広姿で、プロローグの最後で王のベッドに寝てしまった男と同じという演出である。眠る前に靴と靴下を脱ぐ。これから眠ってしまうということを示す演出だが、写実的過ぎて若干滑稽な印象も受ける。前奏と同じ音楽が器楽によって繰り返されている間に森の妖精たちがあらわれる。妖精たちのバレエとなり、これらは眠ってしまったルノーの夢の中のできごとである。この場面は、〈アティス〉第三幕でのアティスの眠りの場面と同じ「眠り（ソメイユ）の場面」の典型である。
妖精たちのバレエ（第四場）が終わるとアルミードが登場する（第五場）。眠っているルノーを前にしてアルミードの歌う歌は「アルミードのモノローグ（独白）」と言われ、このオペラの中で一番有名な場面である。十八世紀においてもこの場面は思想家たちの批評の題材となっている。一番有名なのは、十八世紀中ごろの、ラモーとジャン＝ジャック・ルソー（一七一二〜七八）による論争である。ルソーが批判し（Rousseau 1979: 312–322）、ラモーが称賛している（Rammeau 1754: 69– ）。ラモーはリュリを継承しバロック音楽の最後の時代に位置する作曲家である。ルソーは、イタリアのオペラ・ブッファの影響のもと、次世代を切り開くフランス語による最初のオペラ・コミック〈村の占い師〉を作曲した。よって、この論争は音楽史の大きな転換期の出来事として理解する必要がある。

前奏のあと、モノローグと言われる語りと歌との中間のような歌が続く。モノローグが終わると、前奏に導かれて拍節感のある三拍子の速い歌（アリア）になる。次に示した歌詞の文頭が下がっている最後の六行がアリアの歌詞である。

前奏は鋭い付点音符のリズムで、堂々とした恐ろしい雰囲気で復讐心に燃える魔女アルミードの登場を予感させる。まず、少し細かく歌詞の分析をしたい。

第五場

（ト書き）アルミード、眠っているルノー　Armide, *Renaud endormi*

〈前奏〉　**Prélude**

（ト書き）アルミード（手に短剣をもつ）　Armide, *tenant un dard à la main*
①とうとう、彼は私の手中に、　Enfin, il est à ma puissance,
②この宿命の敵、この偉大な征服者が。　Ce fatal ennemi, ce superbe vainqueur.
③眠りの魔法の力で彼に復讐することができる。　Le charme du sommeil le livre à ma vengeance.
④彼の屈強な胸を貫いてしまおう。　Je vais percer son invincible cœur.
⑤彼のせいで、私の捕虜がすべて奪還されてしまった、　Par lui, tous mes captifs sont sortis d'esclavage,
⑥私の怒りを受けるがよい……　Qu'il éprouve toute ma rage...

（ト書き）アルミードはルノーを打とうとするが命を奪おうという彼女のもくろみを実行することができない。　Armide *va pour frapper Renaud et ne peut pas exécuter le dessein qu'elle a de lui ôter la vie.*

⑦なぜ私は動揺し、ためらうのか！　Quel trouble me saisit, qui me fait hésiter !
⑧彼に対して同情の気持ちをもつなど何ということか？　Qu'est-ce qu'en sa faveur la pitié me veut dire ?
⑨刺してしまおう……　何ということだ、何が私を止めようとするのか？　Frappons... Ciel ! qui peut m'arrêter ?
⑩とどめを刺そう……　震えてしまう！　Achevons... je frémis !
⑪復讐しよう……　ため息が出る！　Vangeons-nous... je soupire !
⑫こうやって今日復讐をしなければならないのだろうか？　Est-ce ainsi que je dois me venger aujourd'hui ?

⑬彼に近づくと私の怒りが消えてしまう。
⑭彼を見れば見るほど復讐心が消えてしまう。
⑮震える腕が私の憎しみを拒絶してしまう。
⑯ああ、彼の命を奪うなんて何と恐ろしいことだろう！
⑰この若い英雄にはこの世のすべてが負けてしまう。
⑱彼が戦いのためだけに生まれただなんて
　誰が信じるだろうか？
⑲彼は愛のために作られたかのように見える。

⑳彼を殺さなければ復讐はできないのだろうか？
㉑いや。愛（愛神）が彼を罰するだけで充分ではないか？
㉒彼は私の目が充分に魅力的だと思えなかったのだから、
㉓少なくとも私の魔法の力によって
　彼が私を好きになるようにさせよう、
㉔そして、もし、可能ならば、私が彼を憎めばよいのだ。
　（傍点筆者）

㉕来て、私の望みのために助けておくれ、
㉖悪鬼たち、愛すべき西風に姿を変えよ。

Ma colère s'éteint quand j'approche de lui.
Plus je le vois, plus ma vengeance est vaine.
Mon bras tremblant me refuse à ma haine.
Ah ! Quelle cruauté de lui ravir le jour !
A ce jeune héros tout cède sur la terre.
Qui croirait qu'il fût né seulement pour la guerre ?
Il semble être fait pour l'amour.

Ne puis-je me venger à moins qu'il ne périsse ?
Hé ! ne suffit-il pas que l'Amour le punisse ?
Puisqu'il n'a pu trouver mes yeux assez charmants,
Qu'il m'aime au moins par mes enchantements,
Que s'il se peut, je le haïsse !

Venez, secondez mes désirs,
Démons, transformez-vous en d'aimables Zéphirs.

㉗私はこの征服者に負け、同情心が勝ってしまう；　*Je cède à ce vainqueur, la pitié me surmonte ;*
㉘私の弱さと恥を隠しておくれ、　*Cachez ma faiblesse et ma honte*
㉙最も遠く隔たった砂漠の中に。　*Dans les plus reculés deserts ;*
㉚空を飛んで、我々をこの世の果てまで連れていっておくれ。　*Volez, conduisez-nous au bout de l'Univers.*

（ト書き）西風に姿を変えた悪鬼たちが　*Les Démons, transformés en Zéphrs, enlèvent Renaud*
ルノーとアルミードを連れ去る。　*et Armide.*

最初の四行（①～④）は状況説明である。そのあとの二行(⑤～⑥)は、アルミードの復讐心の表現。次の五行(⑦～⑪)は、揺れ動く心の表現。殺してしまおうと思って剣を振り上げるけれども実行できない場面である。その次の行（⑫）からは、殺すことのできない自分の心を正当化する台詞になる。この正当化の論理は八行（⑫～⑲）続く。この八行の最後の行（⑲）で、「彼は愛のために作られたかのように見える。」と言って、とうとう「愛（amour）」という言葉が出てくる。ここで、アルミードの心の振り子は完全に「愛」の方に振れている。プッサンのアルミードの絵においては、これはアルミードの腕をつかむ「愛の神アムール」の姿で表現されていた。

次の行(⑳)からは、この「愛」を前提とした新しい復讐の仕方が考え出される。以下の五行(⑳～㉔)で、彼が自分を愛し、自分が彼を憎むという復讐法が提案される。しかし、「私が彼を憎めば良いのだ」

という台詞の間には「もし、可能ならば」という言葉が挟まれていて、できないかも知れないということが暗示されている。「あらすじ」のところで述べたように、「もし、可能ならば」という表現でそれが実際にはありえないことを示すという言い回しは第一幕にもあった。「ルノーを打ち負かした人、もし、誰かにそれができるなら（傍点筆者）、その人こそ私の結婚相手としてふさわしい人物です」というアルミードの台詞である。この言い回しはもう一度出てくるのだが、どこに出てくるかはその箇所で指摘することにする。アルミードの心の揺れを表す特徴的な表現である。

とにかく、この復讐を実行しようということで、場所を変えなくてはという考えから、アルミードはルノーを砂漠に連れ去るわけであるが、それを助けてもらうために悪鬼たち（démons）を呼び出し、砂漠へと飛び去ってゆく。

以上に分析した変化するアルミードの心の状態をリュリは言葉の意味に対応した和声、テンポ、休符の長さなどを使って音楽によって描き分ける。例えば、⑲で雰囲気の変わる重要なポイントとなる「愛（amour）」のところでは、解決音を長く伸ばして愛する感覚に浸るアルミードの心の状態を表し、そのあとに長い休符を置いている。モノローグを伴奏する通奏低音も言葉の意味に従って色々な動きをする。例えば、④の「貫く（percer）」という所では解決音に向かう音形で突き刺さるようなアクセントをつける。また、⑬の「近づく（s'approcher）」という箇所では音符の動きが細かく（八分音符）なって先に進む感じを出している。

第三幕。砂漠

第二幕の最後で述べた計画に従って、アルミードはルノーを憎もうとするのだが、なかなかそれができない。そこで、憎しみの神を呼び出して手助けをしてもらおうとする。以下は、アルミードが憎しみの神を呼び出す場面である。これは、感情などの抽象的な概念を擬人化して示すアレゴリー表現の典型である。

第三場

（ト書き）アルミード、一人
来たれ、来たれ、容赦ない憎しみの神よ、
恐ろしい穴から出てきておくれ、
その穴には果てしなく続く恐怖が満ちみちている。
愛神（愛）から私を救っておくれ、愛神ほど恐ろしいものはない、
余りにも魅力的な敵に対して、
怒りを私に取り戻させ、激怒に火をつけておくれ、

（ト書き）憎しみの神の従者である激怒、残酷、復讐、激高、情念をつれて憎しみの神が地獄から出て来る。

Armide, *seule*
Venez, venez, Haine implacable,
Sortez du gouffre épouvantable
Où vous faites régner une éternelle horreur.
Sauvez-moi de l'Amour, rien n'est si redoutable.
Contre un ennemi trop aimable
Rendez-moi mon courroux, rallumez ma fureur.

La Haine sort des Enfers accompagnée des Furies, de la Cruauté, de la Vengeance, de la Rage et des Passions qui dépendent de la Haine.

第四場

〈前奏〉

憎しみの神

お前の望みに応えよう、声が聞こえた、
地獄の底まで、
お前のために、愛（愛神）に対抗するすべてのことをしよう、
そして、愛（愛神）から身を守りたいと思えば
愛（愛神）の恥ずべき鎖から身を守ることができる。

憎しみの神と従者たち

愛（愛神）を知れば知るほど、憎らしくなる。
愛（愛神）の、不幸をもたらす力を破壊しよう。
その結びを断ち切り、その紐を引き裂こう。
その矢を燃やし、その松明を消そう。

Prélude

La Haine

Je réponds à tes vœux, la voix s'est fait entendre
Jusque dans le fond des Enfers.
Pour toi, contre l'Amour je vais tout entreprendre,
Et quand on veut bien s'en défendre,
On peut se garantir de ses indignes fers.

La Haine & sa Suite

Plus on connaît l'Amour, et plus on le déteste,
Détruisons son pouvoir funeste,
Rompons ses nœuds, déchirons son bandeau,
Brûlons ses traits, éteignons son flambeau.

友人たちがルノーを助けようと画策する第四幕は省略して、第五幕の最終場を見てみたい。

第五幕、第五場

友人たちによって助け出されてしまったルノーを見て悲しむアルミードのアリア。以下が歌詞の訳である。

裏切り者のルノーが私から逃げる。
どんなに裏切り者でも、私の弱い心は彼のあとを追う。
死にそうな私を残し、彼は私が死ぬのを望んでいる。
心ならずも、私は私を照らす光を再び見ている。
永遠の夜の恐怖も、
私の激しい苦痛の恐怖には敵わない。
裏切り者のルノーが私から逃げる。
どんなに裏切り者でも、私の弱い心は彼のあとを追う。

残忍な人（ルノー）が私の支配下にあったとき、
何で、憎しみの神と復讐の神を信じなかったのだろう。
何で、彼らの激情に従わなかったのだろう。

ルノーは私から逃げ、遠ざかり、この岸を離れようとしている。
彼は、地獄も私の激怒ものともしない。
彼はすでに向こう岸に着きそうだ。

Le perfide Renaud me fuit ;
Tout perfide qu'il est, mon lâche cœur le suit.
Il me laisse mourante, il veut que je périsse.
A regret je revois la clarté qui me luit ;
L'horreur de l'éternelle nuit
Cède à l'horreur de mon supplice.
Le perfide Renaud me fuit ;
Tout perfide qu'il est, mon lâche cœur le suit.

Quand le barbare était en ma puissance,
Que n'ai-je cru la Haine et la Vengeance !
Que n'ai-je suivi leurs transports !

Il m'échappe, il s'éloigne, il va quitter ces bords ;
Il brave l'Enfer et ma rage ;
Il est déjà près du rivage,

私はそこまで這ってゆこうと無駄な努力をしている。

Je fais pour m'y traîner d'inutiles efforts.

ここまでは、アルミードはルノーを失ってしまう苦しみと後悔を歌っているのだが、次に続く最後の部分では再び復讐心を取り戻し、自分の魔法の宮殿を破壊し飛び去ってゆく、というのがキノーの台本の終幕である。

ところが、このDVDの演出ではアルミードが短剣で自分の胸を刺して死んで終わるように勝手に変更されている。私の考えではこのような変更は許されないのではと思う。〈アルミード〉の物語の要点は、愛と憎しみの間を揺れる振り子のようなアルミードの心を描くことにある。この揺れは、永遠に続く動きで終わりのないものであることがキノーの台本では強調されているが、アルミードを死なせてしまっては、この動きが終わってしまう。近代のオペラになると、悲劇の主人公は最後に死ぬというような先入観が一般化したので、演出家がそれに引きずられたのかも知れない。しかし、キノーの台本を変更することはせずに、最後は、復讐を誓ってアルミードは空飛ぶ馬車で飛び去るという演出にするべきだと思う。タッソの『エルサレム解放』の最終歌の第二十歌には、アルミードが自殺を試みそれをとどめたルノーがアルミードをキリスト教に改宗させるエピソードがあるのだが、キノーはこのエピソードを全く採用せず、第十六歌の「宮殿を破壊して飛び去った」というエピソードをオペラの終幕としているのである。この場面でオペラを終わりにした、というよりむしろ、オペラを終わらせなかったことには重い意味があったと思う。

以下に、これに続くアルミードのアリアの歌詞と最後のト書きを翻訳しておく。

裏切り者、待て、彼を捕まえる、
彼の裏切りの心を捕まえる。
ああ、彼を私の激怒の生贄にする……
私は何を言っているのか、
私はどこにいるのか、不幸なアルミードよ。
盲目な過ちが、アルミードをどこに連れてゆくのか。
復讐の希望こそ私に残された唯一の希望だ。
喜びよ、逃げ去れ、逃げ去って全ての魅力を失ってしまえ。
悪鬼たちよ、この宮殿を破壊せよ。
出発しよう、そしてもし、可能ならば（傍点筆者）、
私の不幸な愛がこの場所に
　永遠に埋もれたままになってしまうように。

（ト書き）悪鬼たちが魔法の宮殿を破壊し、
アルミードは空飛ぶ馬車に乗って飛び去る。

Traître, attends, je le tiens,
je tiens son cœur perfide.
Ah ! je l'immole à ma fureur...
Que dis-je !
Où suis-je, hélas ! Infortunée Armide !
Où l'emporte une aveugle erreur ?
L'espoir de la vengeance est le seul qui me reste.
Fuyez, Plaisirs, fuyez, perdez tous vos attraits.
Démons, détruisez ce palais.
Partons, et s'il se peut, que mon amour funeste
Demeure enseveli dans ces lieux pour jamais.

Les demons détruisent le palais enchanté et Armide part sur un char volant.

この歌詞にアルミードが自殺をする気配はどこにもない。「復讐の希望こそ私に残された唯一の希望だ」と言い放っている。ト書きの最後は「飛び去る」となっていて第五幕の最後の場面と第二幕の最後の場面が呼応していることがわかるであろう。両場面とも、悪鬼たちが呼び出され、アルミード（第二幕の最後ではアルミードとルノー）は飛び去ってゆく。この呼応を、台本作家キノーは、短い同じ台詞を入れることで示している。「もし、可能ならば」という言葉である。この言葉は「可能ではない」ということを暗示している言葉で、第一幕第二場の最後、第二幕第五場、第五幕第五場と三回現れる。いずれも、アルミードの台詞である。そして、第五幕第五場でのアルミードのこの台詞によってオペラは終わるのである。アルミードは必死にルノーを憎もうとしているのだが、それは可能ではない。彼女の愛は埋もれたままになってしまわずに、また、アルミードのところに戻ってくることが暗示されている。

この台詞が、愛と憎しみの間を永遠に揺れ動く「振り子」運動を強調する。アルミードの感情の動きに終わりがないとすれば、それを筋の運びの原動力とするこの物語にも終わりはない。筋として終わりのない物語をどうやって終わらせたら良いのか。それが、宮殿の破壊という、舞台そのものを壊すという演出だったのである。

第3章

バロック音楽の特徴を楕円のイメージで探る

「バロック音楽」という用語の歴史

フランス語の「Baroque」という言葉は、十八世紀には歪んだものを表す一般名詞として否定的な意味で使われていた。音楽に関しての有名な例は、ジャン＝ジャック・ルソーの『音楽辞典』（一七六七）の項目である。「BAROQUE（バロック）」という見出し語のもとに次のような記述がある。「バロックな音楽とは、ハーモニーが混乱しており、多くの転調や不協和音があり、旋律は堅く不自然で、音程が取りにくく、動きはぎこちない音楽のことである。」辞典の項目ではあるが、この記述は中立な視点からのものではなく、バロック時代の音楽を批判して次の時代、前古典派・古典派へ向かう新しい動きを模索した作曲家、ルソーによる主張の込められた批判的な記述である。

「バロック」が音楽の様式論のなかで特定の時期を示す用語として提案されるようになったのは二十世紀になってからである。美術史の分野でのハインリッヒ・ヴェルフリン（一八六四～一九四五）の考え（『ルネサンスとバロック』、『美術史の基礎概念』）の影響を受けて、クルト・ザックスが音楽史の様式論に「バロック音楽」という概念を持ち込んだのである（ザックス 1981）。そののち、この考えに対しては、異論や疑義も提出された。特に、合理主義を自負するフランスではバロックと呼ぶことに抵抗があった。その例としては、パイヤール著、渡部和夫訳『フランス古典音楽』（文庫クセジュ）を第一章ですでに示しておいた。しかし、現在では西洋音楽史においてフランスをも含めたヨーロッパの一六〇〇年頃から一七五〇年頃までのおよそ百五十年間の音楽を巨視的に見て「バロック音楽」と呼ぶことはほぼ定着したといってよいであろう。

「バロック」の語源

バロックという言葉の語源は宝石に関する用語にあるというのが現在の定説である。しかし、異説もあった。ルソーの『音楽辞典』の項目では、先に引用した部分に続けて「この語は恐らく論理学者のBarocoに由来すると思われる。」という一文を加えてこの項の記述を終えている。「恐らく……思われる」という言い方で確実ではないことを示してはいるのだが、この記述が研究者たちを悩ませたことは確かだろう。論理学には三段論法というのがある。三つの命題、大前提、小前提、結論からなる論法である。例えば、大前提：すべての人間は死すべきものである。小前提：ソクラテスは人間である。結論：ゆえにソクラテスは死すべきものである。このような論法に関して、どれが妥当な形式であるかを検証するのが論理学の作業となる。妥当な形式を暗記するための助けとして十九の造語が考案された。その中に「Baroco」という語が存在する。これらの造語は煩雑で形式主義的な理論から生まれ、内容のない言葉であることから、「バロック」の語源とされたのかも知れない。しかし、十九ある造語のうちなぜ「Baroco」が選ばれたのかは判然としない。

一方、「Baroque」の語源は「歪んだ真珠」から来ていることの典拠として挙げられる最も初期の例は一六九〇年のフュルティエールのフランス語辞典（『普遍辞典（*Dictionnaire universel*）』）である。「Baroque」の項目には「宝石に関わる用語で、完全に球形ではない真珠に関してのみ言われる」という説明がある。そのごの、『アカデミー・フランセーズ辞典（*Dictionnaire de l'Académie française*）』を見てみると一六九四年の第一版、一七一八年の第二版ではフュルティエールのフランス語辞典と同様の宝石用語の説明しかない。しかし、一七四〇年の第三版に至って初めて比喩的な意味の項目がつけ加えられ、「比喩的には、不規則な、奇妙な、不均等なという意味でも用いられる。バロックな精神、バロックな表現、バロックな形象など」となっている。『アカデミー・フランセーズ辞典』のこれ以降の版では、字義通りの意味と比喩的な意味を二つの項目に分けて併記するという形が継承されている。

これらの辞典の記述を総合的に考慮すれば、「バロック」という言葉は「歪んだ真珠」に由来すると考えてよいであろう。歪んだ真珠のイメージはまたバロック様式の特徴を考える上でも重要なヒントを与えてくれる。フュルティエールが「完全に球形ではない真珠」と説明しているようにバロックの歪みは完全な球（円形）と対比された「楕円」のイメージである。ヴェルフリンは『ルネサンスとバロック』で教会建築様式のルネサンスからバロックへの変化を「集中建築」から「長軸建築」への移行としてとらえる。この変化によって「丸い空間の代わりに楕円の空間が現れる」（ヴェルフリン 1993: 79）のである。「長軸建築」の典型的な例はローマのイル・ジェズ教会である。この教会には有名な天井画があるが、この絵は円ではなく楕円の構図のもとに展開する（図3・1）。円は

図 3-1　ジョヴァンニ・バッティスタ・ガウッリ作の天井画（イル・ジェズ教会）

一つの中心をもつが、楕円は二つの極をもつ。二つの極の間に緊張感が生み出されるところから力動性が生じる。このようなイメージ連関を手掛かりにバロック音楽の様式の特徴をとらえようとするのが以下の試みである。通奏低音、協和音と不協和音の対比、アレゴリー表現、感情表現の四つの項目について考えてみたい。

通奏低音

通奏低音書法はヨーロッパのどの地域にも当てはまる最も一般的なバロック音楽の特徴である。バロック音楽とは通奏低音書法で作曲された音楽である。低声部での音の動き（通奏低音声部）とそれと関連する上声部という二極の織りなす対話が曲の構成を決定するのである。

この書法の特徴を明確にするために、他の様式との比較をしてみよう。西洋音楽史の変遷を理解するために便宜的に大きく区切って、中世、ルネサンス、バロック、古典派・ロマン派、現代の五つの時代を設定して作曲書法を比較すると左のようになる。

年代	様式	社会的母体	作曲技法
九世紀～一四五〇	中世音楽	（教会）	単旋律（グレゴリオ聖歌）
一四五〇～一六〇〇	ルネサンス音楽	（教会）	通模倣書法（ミサ曲）
一六〇〇～一七五〇	バロック音楽	（王侯貴族）	通奏低音書法
一七五〇～一九〇〇	古典派・ロマン派音楽	（市民）	上声部のメロディーと伴奏（ソナタ形式）

ルネサンス音楽、バロック音楽、古典派・ロマン派音楽の時代はそれぞれおよそ百五十年間であるので覚えやすい。中世の音楽の代表例はグレゴリオ聖歌であるが、基本的に単旋律で無伴奏の宗

教音楽である。男声合唱の形をとり、全ての歌手が同時に同じ旋律を重ねて歌う斉唱である。モノフォニー（単旋律）の音楽と呼ばれる。この様式を線で示すと、以下のようになる。

単旋律 ――――――

これに対してルネサンスの時代は複数の異なった音が同時に鳴らされるポリフォニー（多声音楽）が最盛期を迎えた時代である。例えば、ジョスカン・デ・プレ（一四五〇／五五頃～一五二一）のミサ曲にその典型的な例が見られる。ジョスカンの傑作と言われている〈ミサ・パンジェ・リングァ〉を見てみよう。ミサ曲はラテン語のミサ通常文（キリエ、グロリア、クレド、サンクトゥス、ベネディクトゥス、アニュス・デイからなる）に作曲された曲であるが、この曲はグレゴリオ聖歌〈パンジェ・リングァ（舌よ歌え）〉を定旋律として用いているのでこう呼ばれる。この定旋律をもとにした旋律素材が「通模倣書法」によって四声部に次々と受け渡されることによって統一感のある全体が構成される。例えばキリエでは最初にテノール声部が「キリエ」と歌うと、一小節遅れてバス声部が同じ音形で「キリエ」と歌いだし、五小節目からソプラノ声部がテノール声部と同じ音形で「キリエ」と歌いだし、六小節目からアルト声部が同じ旋律で追いかけるという風に、各声部が別の声部を模倣しながら全体のテクスチャーが織りなされてゆくので「通模倣」と呼ばれる（譜例）。この様式を線で示すと左のようになる。

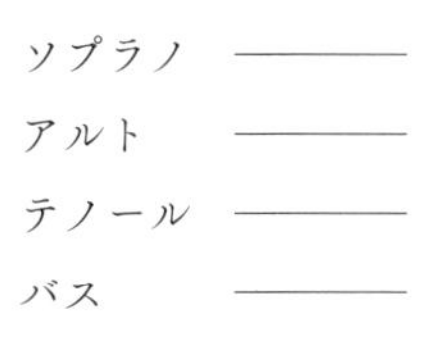

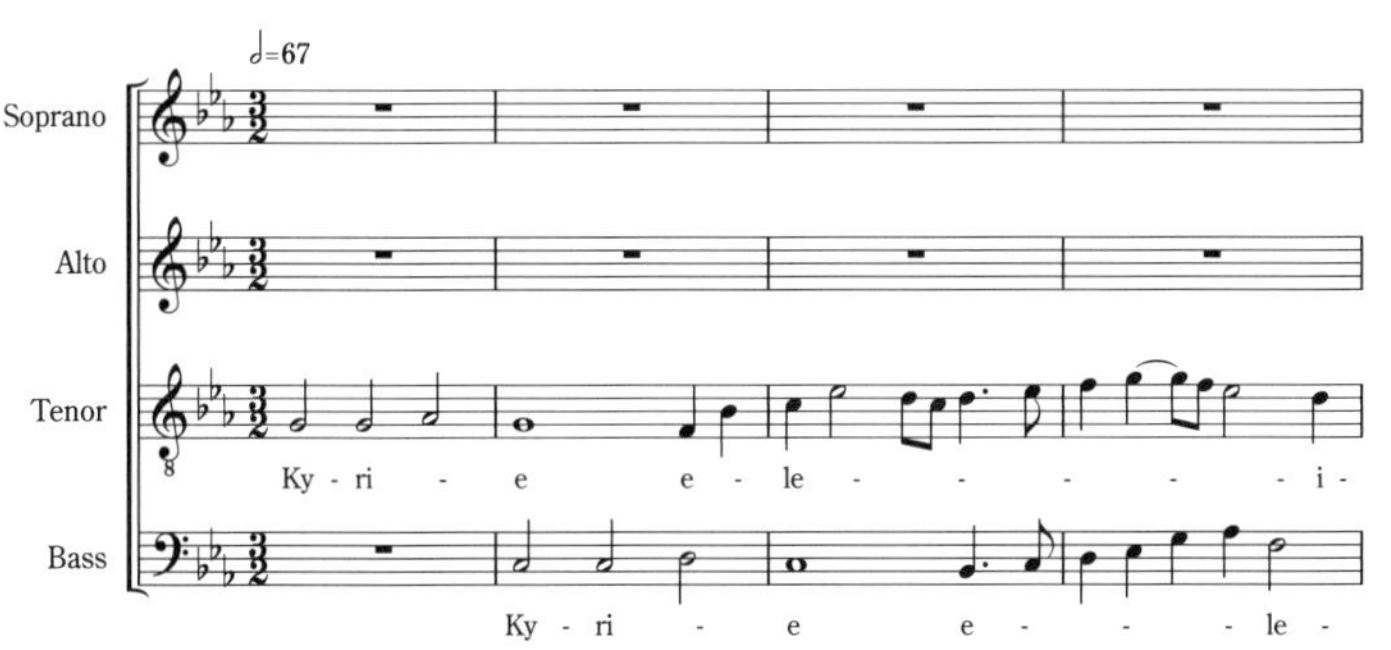

ルネサンス音楽の例　ジョスカン・デ・プレ〈ミサ・パンジェ・リングァ〉

バロック時代の「通奏低音書法」はルネサンスの「通模倣様式」とは異なり、低声部の通奏低音と最上声部の旋律という二つの極で構成される。線で示すと次のようになる。

この二極構成の作曲技法が発展したことは、これまでの宗教曲中心の状況が変化し、マドリガーレやオペラなどの世俗の声楽曲が重要な音楽活動として加わったことと関係がある。よって、バロック時代の始まりはイタリアでオペラが創始された時代と重なる。ミサ曲も声楽曲ではあるがその歌詞はラテン語のミサ通常文と決まっている。それゆえ、ミサを聴く人々はそれを聴く前から歌詞の内容・意味を知っている。極端なことを言えば、音楽を聴きながら歌詞を聴き取って意味を理解する必要はない。むしろ音の調和の完全性こそが神の完全性を示すものとなる。これに対して、例えばオペラのアリアを聴くときは、音楽と同時に歌詞が聴き取れなければならない。歌詞の意味と音楽との関係が聴きどころになる。さらに重要な点は、通奏低音は上声部の歌の伴奏ではなく、音楽的には通奏低音の動きが先にあってその結果として上声部の動きが決まってくるという順番になることである。導き手の通奏低音と上声部との対話がバロック音楽の本質を形成する。

最近ではバロック・オペラの上演やDVDも多くあって、バロック・オーケストラの上演を見る機会がある。それを見ていて気づいたことは、多くの場合、指揮者が登場するとまず通奏低音を演奏するチェンバロ奏者などと握手をしてから演奏を始めることである。バロック時代のあとの古典派・ロマン派などの近代以降のオーケストラの演奏会ではどうだろうか。指揮者が握手をするのはファースト・ヴァイオリン（最上声部）のトップを務めるコンサートマスターである。これは、時

最上声部 ――――

通奏低音 ――――

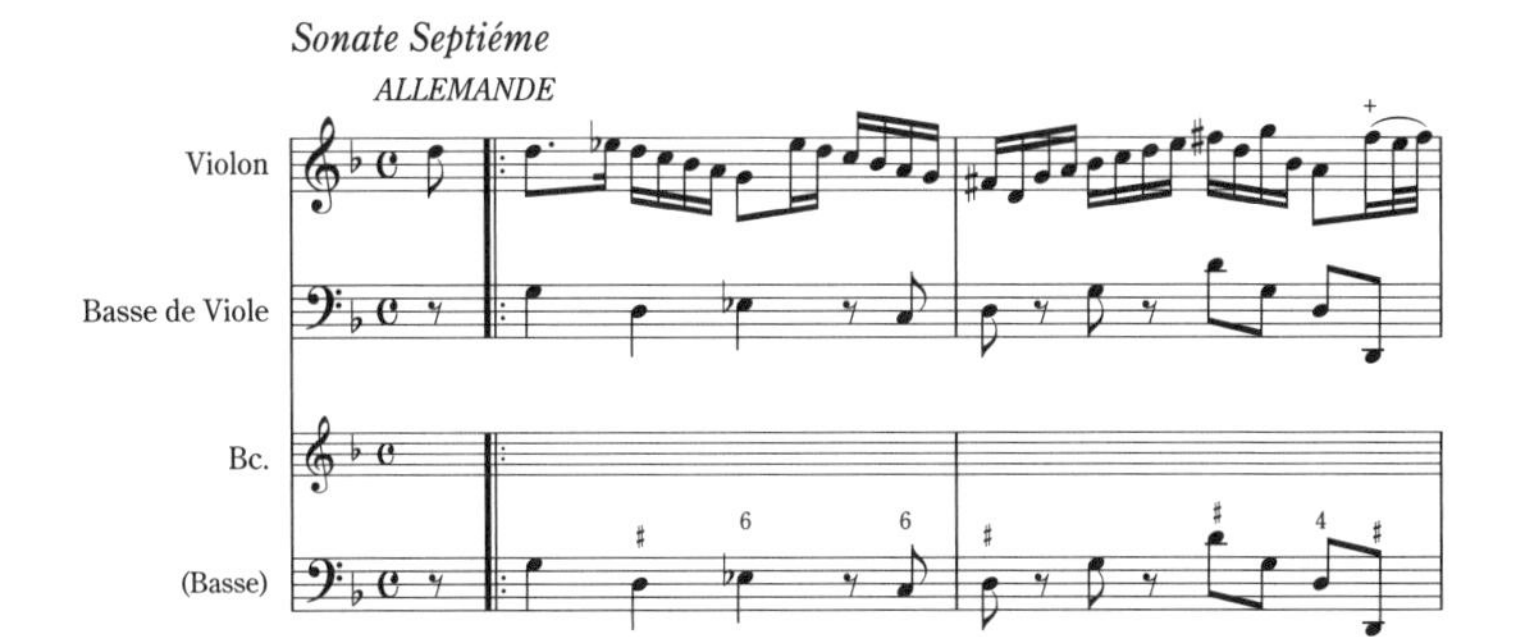

バロック音楽の例　ジャン＝フェリ・ルベル〈ヴァイオリン・ソナタ〉

代の変遷とともに、主導権が上声部になっていったことを示す一例であろう。古典派・ロマン派の時代になると上声部のメロディーがテーマとして主導権を握り下の声部はその伴奏となる。左ページにある線のように図示できる。

例えば、古典派の父と言われるフランツ・ヨーゼフ・ハイドン（一七三二～一八〇九）の弦楽四重奏曲に五度の下行音形を二つ組み合わせたメロディーをテーマとした通称「五度」と呼ばれる曲がある（ニ短調、作品七六の二、Hob. III-76）。第一楽章の冒頭を見てみよう。冒頭、最上声部の第一ヴァイオリンが主題を奏でる間、第二ヴァイオリン、ヴィオラ、チェロの声部は控えめに和音の伴奏をつけている（譜例）。そして、この主題が提示、展開、再現されることによってソナタ形式が形成される。主題を中心とした円が描かれるように構成され統一感が生み出される。

リュリの〈アルミード〉の節でアルミードのモノローグの評価を巡ってのラモーとルソーの論争を紹介したが、この二人は音楽においてメロディーとハーモニーのどちらが本質的かということに関しても対立している。ラモーはハーモニーであると主張し、ルソーはメロディーであるという。この論争の背景にもバロックのラモーと前古典派のルソーという時代の転換を読み取ることができるだろう。

上声部 ――――――

中声部 ----------

中声部 ----------

低声部 ----------

Allegro

Violino I

Violino II

Viola

Violoncello

古典派音楽の例　ヨーゼフ・ハイドン　弦楽四重奏曲　作品 76-2

協和音と不協和音の対比

バロック音楽は協和音と不協和音との対比を表現の素材としていたが、このことも二極の対話による構成の一つと考えることができる。音階を構成する音の高さを決める方法を「音律」と呼んでいる。現在一般的である「十二平均律」とは異なり、バロック時代には協和と不協和の対比をより強調するような音律が用いられていた。この音律は一般に「純正律」と呼ばれている。「純正律」が考えられた背景にはそれに先立つ「ピタゴラスの音律」に対する不満があるのでまず「ピタゴラスの音律」とはどのようなものか見ておこう。

西洋音楽の音階が「ドレミファソラシ」の七音音階であることは日本の小学校でも習うが、この音の高さはどのようにして決められたのであろうか。音の高さの問題に初めて理論的に取り組んだピタゴラス（前五八〇頃〜前四九五頃）の発見に基づく理論によって定められた方法が「ピタゴラスの音律」である。振動して音を出す弦の長さと二音の協和の関係に関する二つの発見が基礎になっている。八度（オクターヴ）の音程（例えば、ド－ド）と完全五度の音程（例えば、ド－ソ）が最も調和する（一緒に鳴らして唸りが生じない）音程である。弦の長さの比が二対一である二本の弦を鳴らすと八度の音程が得られ、弦の長さの比が三対二である二本の弦を鳴らすと五度の音程が得られる。例えば一定の張力で張った十二センチの弦を鳴らし、次にその弦の二分の一のところを押さえて六センチにしてその弦を鳴らすと八度上の高さの音が出る。三分の二のところを押さえて八センチの弦を鳴らすと五度上の高さの音がでる。十二センチの弦から出た音の高さをドとすれば六センチの弦は上のドを出し、八センチの弦はソの音を出す。このことは管を用いて吹いて出る音高と管の長さの関係についても同じである。この五度の協和音程を基本とするのがピタゴラスの音律である。

出発点として定めた基音をCとして弦長を三分の二にして完全五度の音を得ることを繰り返すと以下のようになる（英米式表記を用いる）。

C→G→D→A→E→B→F♯→D♭→A♭→E♭→B♭→F

基音を現代の音名Cとして五線譜で表すと以下のようになる（譜例）。こうして得られた音程を基にして作られた七音音階（CDEFGAB）がピタゴラス音律の音階である（岩宮 2009: 70-71）。

これらの音名は個々の音の絶対的な高さを表す。それに対して、音階の他の音との相対的な関係を表す階名（ド、レ、ミ、ファ、ソ、ラ、シ、（ド））は、十世紀ごろに音楽理論家、グィード・ダレッツォ（九九一又は九九二～一〇三三以降）によってその基本が作られ広まったものである。〈聖ヨハネ賛歌〉という聖歌のメロディーの音の高さをそれに対応する歌詞の

音節で呼ぶように定めた。最初シはなかったがのちに加えられ、発音しにくいウト（Ut）の言い換えとしてドが定着したが、フランス、イタリアなどでは現在でもウトが使われるときがある。また、フランス、イタリアではこの階名が音名としても使われている（芥川 1971: 54–55）。

このことと関連して、少し話は脱線するが、中国の古代にもピタゴラスの音律と同様の音律があったことについて述べておきたい。「三分損益法」といわれ春秋戦国時代の『呂氏春秋』などに書かれている。「損」は「引く」、「益」は「足す」ことを意味し、基本となる弦又は管の長さを三等分し、三分の一の長さを引いたり足したりして音の高さを求める方法である。基本的な考え方はピタゴラスの考え方と同じである。基本となる音を出す弦（又は管）の長さの三分の二の長さの弦（又は管）は完全五度上の音を出す。その完全五度上の音を出す弦（又は管）の長さの三分の四の長さの弦（又は管）を鳴らすと完全四度低い音が出る。以下同様にして音高を求めてゆく方法である。西洋の呼び方で示せば、Cを基本音とすると、順次G、D、A、E、（B）、（F♯）が得られるのだが、中国は五音音階なので、順次得られた五音（C、G、D、A、E）で音階を形成する。中国の呼び名ではC＝宮、G＝徴、D＝商、A＝羽、E＝角となる。音の低い順に並べれば宮、商、角、徴、羽、となる（岩宮 2009: 80–81）。

西洋の音階が七音で、中国の音階が五音であるのはなぜかという問いに正解を与えることはできないのだが、考えられる要因を挙げる。

第一に考えられるのは、西洋の文化では七という数が、中国の文化では五という数が特別な意味をもっていたのではないかということである。キリスト教の創世記では神がこの世を七日間（最後の休みの日も入れて）で創造したという記述がある。これに基づいて西洋暦では一週間は七日と決められ、西洋暦を取り入れた国々は現在これに従って生活している。中国では古くから五行思想があり、この世のすべては五つの要素から成り立っていると考える。色彩、方位、時の巡りなど多くの事柄を基本となる五要素(五気)、木火土金水に対応させる。その対応を示した五行配当表の「五声」の欄に宮、徴、商、羽、角の五音が配当されている。基音となる宮が木火土金水の中心にある土気に対応し、そこから離れる度合いに従って、徴は火気、商は金気、羽は水気、角は木気に配当されている（吉野 1995: 17 に五行配当表が載っている）。また、虹の色の識別の数についても同様のことがある。西洋は虹を七色としているが、中国では五色としている。例えば、唐の時代の詩人、李白（七〇一～七六二）の「焦山望松寥山」という詩の中に「五彩の虹」という言い方が出てくる（李白 1978: 220)。

次に各音階の与える印象を比較してみる。七音音階にあって五音音階にない音程は半音である。便宜的に、各音階を西洋の階名で示すと、七音音階はド、レ、ミ、ファ、ソ、ラ、シ、(ド）であるのに対し五音音階はド、レ、ミ、ソ、ラ、(ド）となる。五音音階にはミ－ファ、とシ－ドの半音がない。半音は導音ともいわれるようにその半音上の音に導く音である。ミ－ファ、とシ－ドの半音があることによって七音音階は下のドから上のドへと向かう方向性をもつ。しかし、五音音階には半音がないのでこの方向性は希薄である。喩えていうならば、七音音階は「トビウオ音階」、五音音階は「クラゲ音階」とでもいえるだろうか。「トビウオ音階」は音が先に進む感じや到達感を示しやすい音階であるから、単旋律が中心であった時代には適していたであろう。

ルネサンスになって多声音楽が発展すると音の縦の関係が重視される。初期の段階では五度や四度が中心であったが、しだいに三度の音程が多用されるようになる。しかし、ピタゴラスの音律では三度の音程がよく協和しない。そこで新たに考え出されたのが純正律である。二音を同時に鳴らしたとき、二音を出す弦（又は管）の長さの比が単純なほどよく協和するというピタゴラスの音律の基本的原理に基づいて、協和するレ、ファ、ソの高さは変えず、ミ、ラ、シの音の高さを修正して純正律が作られた。修正の原理は二音を

出す弦（又は管）の長さの比がなるべく単純な整数比となるようにすることである。ミはドの弦の長さの五分の四とし、ラはファの弦の長さの五分の四とし、シはソの弦の長さの五分の四とする。これで純正律が完成する。この音律を最初に提案したのはスペインのバルトロメ・ラモス（一四四〇頃〜一五〇〇頃）である（岩宮 2009: 72–73）。最初は反発もあったが次第に広まっていった。協和音志向はルネサンスの音楽の中軸であったが、それに対して反旗を翻したのがモンテヴェルディである。

モンテヴェルディはバロック音楽の幕開けを「セコンダ・プラッティカ（第二作法）」という言い方で表した。この言葉は〈マドリガーレ集第五巻〉（一六〇五）に載せられた一文に出てくる。「好学なる読者へ（*STUDIOSI LETTORI*）」というタイトルで書かれたこの一文の要点を以下に示す。

①　モンテヴェルディの新たな作曲法を批判したアルトゥージ（ジョヴァンニ・マリア・アルトゥージ（一五四〇頃～一六一三））に対する反論として『第二作法、すなわち、現代音楽の完成について（*SECONDA PRATICA ouero PERFETTIONE DELLA MODERNA MUSICA*）』というタイトルの本を出す予定である（しかし、この書物は実際には出版されなかった）。

②　この本の内容は、これまでに教えられてきた作曲法に異を唱えるものではないが、協和音と不協和音の問題についてはこれまでに確立されたものとは別の考え方が存在することを示すものである。

③　この協和音と不協和音の用い方に関する新しい考えこそ現代の作曲家が「第二の」考えとして構築すべきものである。

(Monteverdi 2001: 240–241)

ここで「現代音楽」と言われていることを現在の我々の視点から歴史を振り返って言い表すならば、ルネサンス音楽とは違った新しい「バロック音楽」ということになる。バロック音楽開始宣言とでもいうべき内容になっている。また、モンテヴェルディはこの〈マドリガーレ集第五巻〉から通奏低音の使用を始めている。モンテヴェルディの最初のオペラ〈オルフェオ〉の初演が一六〇七年であり、ここで述べられている協和音と不協和音についての新たな考えの必要性は感情のドラマチックな表現を目指すオペラの創始の課題と結びついていた。

音律論の観点から述べれば、バロック時代はルネサンスの純正律を受け継いでいる。モンテヴェルディも述べているように、そのうえで協和音に不協和音を対置して二極の楕円構成を開拓していったのである。しかし、バロック時代は同時に、次の古典派・ロマン派時代の中心となる調性音楽のシステムが確立されてゆく時代でもあった。調性音楽がシステムとして確立されるためには音階のどの音を主音にして始めても「ドレミファソラシド」の音階ができなくてはならないのだが、純正律では音程の全音、半音の幅が少しずつ異なるためそうならない場合が現れる。これは転調が自由にはできないということを意味する。そのため、転調がより自由にできるということを目的とし、和音の美しい響きを少し犠牲にして転調の可能性の方を優先する妥協的な音律がいろいろ考案された。

例えば、中全律（ミーントーン）は中間の全音を用いるのでこの名で呼ばれる。純正律においては全音に大全音と小全音がある。ド－レは大全音、レ－ミは小全音、ファ－ソは大全音、ソ－ラは小全音、ラ－シは大全音である。ミーントーンは全音の周波数比を大全音と小全音の中間（中全音）に定め、全ての全音を同じ周波数比にした。これによって長三度の美しい響きを保持しつつ、或る程度の転調が可能になった。ただし、純正な五度が存在しなくなり、完全五度の響きを犠牲にしている（岩宮 2009: 74–75）。

このほか、五度音程の幅を調節することによって、より広範な転調に対応できるようにした音律に、ヴァロッティ、ヤングなどがある。これらの音律名は考案者の名前に由来する。フランチェスコ・アントニオ・ヴァロッティ（一六九七～一七八〇）はイタリア、パドヴァの聖アントニオ聖堂の楽長をつとめた作曲家・オルガン奏者である。トマス・ヤング（一七七三〜一八二九）はイギリス、ロンドンの医師・物理学者である。両者の考え方はほぼ同じで、オクターヴ内にある十二の五度のうち半分の六つを純正の五度とし、残りの六つはそれより少し幅の狭い五度にすることである。どれほど狭くするかについては、平均律の五度音程との比較で説明するとわかりやすい。音程の幅を示す単位「セント」を用いて説明する。十二平均律の五度はすべて等しく七百セントである。これを十二倍すると八千四百セントになる。純正な五度は七百二セントである。これを十二倍すると八千四百二十四セントである。純正な五度のセントの総和は、十二平均律の五度の総和より二十四セント多くなってしまう。この多くなった二十四セントを六つの五度で分担して減らす。二十四を六で割って四セントずつ分担して減らせばよい。つまり、純正七百二セントよりも四セント狭い六百九十八セントの五度を六つ作ることになる。ヴァロッティとヤングの違いはどの五度を狭くするのかが一箇所だけ異なっていることである。ヴァロッティでは、ファ－ド、ド－ソ、ソ－レ、レ－ラ、ラ－ミ、ミ－シ の五度を純正音程より狭くする。ヤングでは、ド－ソ、ソ－レ、レ－ラ、ラ－ミ、ミ－シ、シ－ファ♯（＝ソ♭）の五度を純正音程より狭くする（日本チェンバロ協会 2022: 414）。

こう考えてくるとこれらの妥協的な音律は純正律を出発点としながら、十二平均律への方向性を内包していたといえるだろう。ミーントーンは全音を平均化することを軸としている。ヴァロッティやヤングの音律は、六つの五度を純正とし、残り六つの五度を均等に純正音程より少し狭くすることによって全体の歪みを減らして、すべての調性に対応できるようにするという発想に基づいている。この転調可能性の拡大の追求を最大限にまで推し進めたところに十二平均律が成立する。これはすべての半音の音程を同じ幅にしてオクターヴを十二等分するという考えである。こうすれば、音階上のどの音を主音と定めて出発しても同じ音程幅の音階となるので、どの調にでも自由に転調できることになる。しかし、こうするとオクターヴ（弦長比が二対一）以外のすべての音程が単純な整数比の音程ではなくなるので、純正律の三度や五度のように美しく響かなくなる。十二平均律は和音の美しい響きの犠牲の上に成り立っている。ピアノの音律に採用され十二平均律が普及したのは十九世紀の中葉以降である。

日本が西洋の音楽を本格的に輸入し始めたのは明治時代以降であり、それは十二平均律がすでに普及していた時代と重なっているので、十二平均律が正しい音程であると誤解されることが多いが、決してそうではない。音律の歴史を少し学んでみれば、どの音律が正しいということを断言することはできない。音楽で何をしたいのかという表現的な目的があって、それにふさわしい音律が色々作られたのである。ヴァイオリンは自分で弦を指で押さえて音程を決めなくてはならない。私がヴァイオリンを習い始めたとき、最初はピアノを弾いてそれに合わせて音程を取らされた。しかし、考えてみればピアノと違ってヴァイオリンは色々な音程が出せるのであるからピアノと同じ音を出していたのではもったいないことである。幸いにも先生が変わって、別の音程の取り方を教育された。まず、ヴァイオリンは一般的には開放弦を下からト（G）、ニ（D）、イ（A）、ホ（E）の高さの五度間隔で調弦するので、イ（Ａ）の音をもらってから弦を二本ずつ鳴らしながら調弦する。このときには五度の音程が最も良く響くように合わせなくてはいけないと教えられた。ここで教えられた五度はピタゴラスの音律と純正律の基礎になっている三対二の弦の比の五度の響きである。調弦が終わったら、オクターヴの重音で音階練習をするように言われた。このオクターヴは二対一の弦の比ででるものでこの響きを覚えるのだが、これだけはピアノでも同じである。次に良く響く三度の重音で音階練習をするように言われた。これが一番難しい。このときの練習は純正律の三度の響きを学んでいたのである。今から考えれば、この重音の練習をすることによって十二平均律にはない音程があることを教えられたのである。ピアノと一緒に弾かなければ、ヴァイオリンでは様々な音律で弾くことができる。合唱もピアノ伴奏がなければ色々な音律で歌うことができる。シュッツの合唱曲をア・カペラ（伴奏無し）で聴いたときに、和音によって全身が包まれるような快さを感じ感動したのだが、それは純正律の響きを初めて聴いたときの感動であったかもしれない。また、一昔前には絶対音感をもつことが無条件に良いことであるように言われたことがあるが、不都合なこともある。絶対音感をもつとは、一般に四四〇ヘルツのＡ（イ）の高さを覚えていてそれに従って音程が取れることである。しかし、バロック時代の楽器を復元して演奏するいわゆる「古楽」の世界では基本となるＡ（イ）の音を四一五ヘルツの高さにするのが一般化している。およそ半音低い。それゆえ、四四〇ヘルツのＡの絶対音感をもつ人が古楽に興味をもって聴いたり演奏したりしようとすると違和感が生じてとても難しいことになってしまう。絶対音感をもっていなければその心配はない。こう考えてくると二十世紀中ごろから始まったいわゆる「古楽ブーム」は、十二平均律に基づいて転調を駆使する音楽語法が飽和に達して、新たな可能性が探られていることの表れの一つと見なすことができるであろう。

これで協和音と不協和音の二極の対比の問題を終え、次にアレゴリー表現について考えてみる。

アレゴリー表現

バロック時代に特徴的な表現としてアレゴリーがある。抽象的な概念を具体的な形象で表す表現法をアレゴリーというが、この表現も二極の対立構造の一種と考えることができる。抽象的な概念のレベルと具体的なイメージとの二極である。アレゴリーの語源はギリシア語の「allegoria」で、「alle」は「別のもの」、「goria」は「語る」という語に由来する。この二語が合成されて「別のものを語る」という意味になる。文芸における修辞学に起源がある。日本語では「寓意」と訳されている。文芸における「寓意」の良く知られている例として「イソップ物語」がある。例えば、アリとキリギリスの物語は、昆虫としてのアリとキリギリスについて語りたいのではなく別のものを語る。アリによって「勤勉」を、キリギリスによって「刹那的な快楽主義」を語りたいのである。

バロックの表現の本質的特徴としてアレゴリーを取り上げた思想家としてヴァルター・ベンヤミン（一八九二〜一九四〇）がいる（『アレゴリーとバロック悲劇』、ベンヤミン 1995 所収）。彼の論述の要点の一つは表現の様態として近代ロマン主義の「象徴」とバロック時代の「アレゴリー」を対比的に論じることであった。「象徴」の場合は表現される内容は表現するもの（芸術作品）に内在する。しかし、「アレゴリー」の場合は表現される内容は表現するものの外、別の次元にあるのである。「アレゴリー」における表現するものと表現されるものの関係は多くの場合慣習によって決定されている。アレゴリー事典というものも存在する（例えば、チェーザレ・リーパ（一五五五頃～一六二二）の『イコノロギア』（一五九三））。アレゴリーを理解するにはこの慣習を知らなければならない。「象徴」に向かうとき、我々の意識は表現するものに集中し、その中から象徴内容を知る。アレゴリーに向かうとき、我々の意識は二つの極へと分裂し、二極のダイナミックな動きの中で鑑賞がおこなわれる。ベンヤミンはこの力動性の中に弁証法的な運動を認め、一極に集中して静止する近代を超克する可能性をバロック演劇の中に見ようとしたのである。アレゴリーの中に力動性を認めるベンヤミンの考え方は、アレゴリーを楕円のイメージに通じる要素の一つとしてとらえようとする我々の考えにも重要なヒントを与えてくれる。

バロック・オペラで抽象的な概念を表す人物（アレゴリーの人物）が登場するのはプロローグである。モンテヴェルディの〈オルフェオ〉では「音楽」が女性の姿で登場した。また、リュリの〈カドミュスとエルミオーヌ〉では「欲望（L'Envie）」が、〈アルセスト〉では「栄光」が登場する。〈アティス〉では、「時の神」、「春の女神」、「西風の神」、「悲劇の女神」、「虹の女神」が登場。さらに、〈アルミード〉で登場する「知恵」、「栄光」も典型的なアレゴリーとしての人物である。アレゴリーの人物が登場するプロローグはバロック時代のオペラの特徴で、バロック時代の終焉とともにプロローグも消滅する。ラモーのオペラ〈カストールとポリュクス〉を見ると、一七三七年の初演の際にはプロローグがあったが、一七五四年の改訂版ではプロローグが削除されている。以後、プロローグは消滅する。アレゴリーは文学、オペラ以外に絵画でもバロック時代に特徴的な表現であった。

十七世紀の初めにネーデルランド（現在のベルギー、オランダ、ルクセンブルクにあたる地域）で成立した「静物画」のジャンルにアレゴリーの例が多くある。「静物画」と呼ばれていることからもわかるように、これらの絵画は多くテーブルのような台の上に果物や食器類などが置かれている絵である。しかし、これらの絵が言いたいものはそこに描かれている物とは「別のもの」であり、「別のもの」の例としては、四大元素（地水火風）、五感（視覚、聴覚、嗅覚、味覚、触覚）、メメントモリ（死を思え）などが挙げられる。バルタザール・ファン・デル・アスト（一五九〇～一六五七）の例を見てみよう（図3・2）。この絵は一般に花の静物画と呼ばれているが四大元素のアレゴリーである。花は地に生えるもので「地」の、花瓶の左に置かれた貝は「水」の、右にいるトカゲは「火」のアレゴリーである。「火」を司る精霊はサラマンダーと言われトカゲの姿をして火中に住んでいるとされている。貝の左と画面右上チューリップの横には羽をもつ虫が描かれているが、これらは「風」のアレゴリーである。

フランスの例として、リュバン・ボージャン（一六一二頃～六三）の静物画がある。パリの南方約八四キロメートルに位置するピティヴィエで生まれたボージャンは一六二九年頃パリにやってき

図3-2　ファン・デル・アスト
〈陶器の花瓶といろいろなチューリップ〉

た。宗教画の作風から、一時期イタリアで学んだのではないかという説もあるが、生涯について詳しいことはわかっていない。残されている作品も、宗教画と静物画が数点でごくわずかである。現在、ルーヴル美術館にボージャンの静物画が二点所蔵されているが、いずれもパリに来てすぐの一六三〇年頃の作とされている。一点は〈チェス盤のある静物〉(図3・3)であるが別名「五感」とも呼ばれている。五感のアレゴリーの絵である。左の壁に掛けられた黒い鏡が視覚、楽器と楽譜は聴覚、花は嗅覚、食べ物は味覚、小銭入れとチェス盤とトランプは触覚のアレゴリーである。もう一点は〈巻菓子のある静物〉(図3・4)。この絵画はアレゴリー画と宗教画の両方の性質を備えており、ブドウ酒がキリストの血、巻菓子がキリストの肉を示すと解釈される。

これらアレゴリーの静物画は、アレゴリーではない近代の静物画と比較して構図の面でも大きな違いがある。ここに示したボージャンの二つの絵画では、絵画を見る我々の意識が絵画内部の一点に集中しないような構図の工夫がされている。見てすぐにわかるのは、この両作品ともにテーブルのような台に置かれているものがその台からはみ出して描かれていることである。巻菓子ののったお皿は手前に落ちそうな感じがするし、〈チェス盤のある静物〉で「聴覚」を表す楽器と楽譜もかなりはみ出ている。また、この絵の構図は右手前から左奥に向かう斜め構図である。一点透視の構図とは異なり、斜め構図は見る者の意識を画面の外へと誘う。これらの特徴は画面には描かれていない「別のもの」へと我々を誘うのである。

フランスの静物画をさらに発展させた十八世紀の画家にジャン・バティスト・シメオン・シャル

図3-3　リュバン・ボージャン　〈チェス盤のある静物〉

図3-4　リュバン・ボージャン　〈巻菓子のある静物〉

ダン（一六九九～一七七九）がいる。シャルダンは、次の時代十九世紀の静物画の先駆者と言われている。アレゴリーからの脱却という点で興味深い作品を一点挙げておこう（図3・5）。現存するシャルダンの静物画で唯一の花の作品である。ここに見られる一点に集中した統一性にはアレゴリーのもつ二極の力動性はほとんどない。わずかにその面影を残すテーブルの上に散ったカーネーションの花も、アクセントを添えるのみで全体の統一性の中に組み込まれている。私はこの絵画に古典派のハイドンやモーツァルトの統一の取れた弦楽四重奏曲のイメージを重ねて見ている。

感情表現の二極

バロック時代の詩、オペラなどには対立する感情（愛と憎しみなど）を対比的に並置して強い情感を表現する手法がしばしば見られる。修辞学の「撞着語法（オクシモロン）」に属する技法である。この技法に関しては、これまでの論述で折に触れて言及したが、以下にまとめておきたい。

図3-5　シメオン・シャルダン
〈カーネーションの花瓶〉（1750~1760）

先に引用したモンテヴェルディ作曲のマドリガーレ〈今や天も地も〉のペトラルカの詩をもう一度見てほしい。

今や天も地も風も音を立てず、
野獣や鳥たちも深い眠りのなかに、
夜は星の車を巡らせ、
その寝床には海が波もなく横たわる。

眠れず、思い、焦がれ、嘆き、そして、私を滅ぼすあの人は、
いつも私の前にあって、私の甘き苦しみとなる。
私は怒りと悲しみに満ちた戦争状態、
あの人のことを思うときだけ、わずかの平和を得る。

こうして、たった一つの清らかな生命の泉から、
甘く苦い水を私が飲むように、
たった一つの手が私を癒し、傷つける。

私の苦しみにはゆき着く終わりがないので、
千回死んで、千回生きる、

それほど私の救いははるか遠くにある。

この詩は対比的な表現に満ちている。第一節には「天」対「地」、「野獣（地）」対「鳥（天）」、「星（天）」対「海」の対比がある。第二節には「甘き苦しみ」という「撞着語法」があり、「戦争」対「平和」の対比がある。第一節と第二節も対比的な関係にある。第一節は外界で「静」であり、第二節は私の内面で「動」である。第三節には「甘く苦い」という「撞着語法」があり、「癒し」対「傷つける」という対比がある。第四節にあるのは「死」と「生」という対比である。

宮廷歌謡においても、外界の春の喜びと内面の恋の苦しみが対比されている歌詞が多い。例として、もう一曲ランベールの曲を挙げよう。

新しい季節が戻ってきて、
全てが新しくなる、
草地も、森も、全てがここでは変わる。
しかし、おお、残酷な苦痛よ！
私のイリス（彼女）も（心）変わり
そして、私は毎日見ている
花が生まれ、彼女の愛が死んでゆくのを。

A ce retour de la saison nouvelle,
Tout renouvelle,
Les prés, les bois, tout change ici ;
Mais, ô douleur cruelle !
Mon Iris change aussi,
Et je vois chaque jour
Naître les fleurs, et mourir son amour.

美しい春はこの国で見せてくれる、
甘美な西風を、
遊び、笑い、そして愛を。
私はため息をつき
そして、思い悩み続けなければならないのか？
毎日見なくてはならないのか、
花が生まれ、そして、彼女の愛が死んでゆくのを。

Le beau printemps fait voir en cet empire
Le doux zéphire,
Les jeux, les ris, et les amours ;
Faut-il que je soupire
Et languisse toujours ?
Faut-il voir chaque jour
Naître les fleurs, et mourir son amour.　(Lambert 1689)

〈今や天も地も〉では外界の静かさと内面の苦しみが対比されているが、ここでは外界の春の喜びと内面の苦しみが対比されている。両者とも恋の悩みがテーマで、最後に「生」と「死」という言葉が出てきてその悩みの深さが表現されるところも共通している。

このような「撞着語法」が表現形式のレベルにとどまらず、表現内容にまで浸透してゆくのが、キノーとリュリのオペラの〈アティス〉と〈アルミード〉である。〈アティス〉のシベールはアティスを愛し、また憎むのだが、シベールの場合にはまだ合理性がある。自分の愛するアティスが他の女性サンガリードを愛するがゆえに憎むのである。それゆえ、この物語にはアティスの死とそのあとに松に生まれ変わるという結末がある。しかし、〈アルミード〉はまず敵であるルノーを憎み、次に愛するのだがそこに合理的な理由がない。ただ愛してしまうのである。そして、その愛が報われないことがわかると復讐に燃える。つまり、また憎む。愛と憎しみの間を揺れ動く振り子はどちらにも止まることなく原理的には終わりのない物語である。このオペラは舞台の破壊によって終わるしかない究極の二極の運動形式の物語である。

終わりに

リュリの生涯とフランス・バロック・オペラの成立過程は互いに相手を映す鏡のような存在である。イタリア、フィレンツェの知識人グループ「カメラータ」によって、今日「オペラ」と呼ばれている音楽劇が創始されたのは一六〇〇年の頃であった。その三十二年後にリュリもフィレンツェで生まれている。

リュリがフィレンツェを去って、パリの「大姫君」に仕え始めたのと同じ年にイタリア・オペラがフランスにやってきた。この年に、宰相マザランの政策によって、本格的なイタリア・オペラをパリで上演するために多くのイタリア人音楽家が招聘されたのである。

音楽好きの「大姫君」のサロンでは宮廷歌謡が歌われ、宮廷歌謡の作曲家として知られるランベールも「大姫君」に仕えていた。のちにランベールの娘と結婚したリュリはランベールから多くを学んだであろう。

フロンドの乱で敗者となった「大姫君」は、ルイ十四世によってサン・ファルジョーに追放された。これを理由に「大姫君」のもとを去ったリュリは、パリで宮廷バレエと出会うことになる。フロンドの乱の鎮圧を受けて、ルイ十四世の親政を宣言する〈夜のバレエ〉の上演に参加し、王に近づく機会を得た。これをきっかけに宮廷バレエのダンサー、振付師、作曲家としての仕事が始まった。

モリエールとの出会いによってコメディ・バレエの共作が始まる。一六六四年の〈強制結婚〉から本格的な共同作業が開始され、モリエールの喜劇にリュリが音楽やバレエを組み込む仕事を担当する。のちにモリエールと不仲になり、この共同制作は終わってしまうのだが、二人の共作による最後のコメディ・バレエは〈町人貴族〉(一六七〇)である。

フランス・オペラの成立は、イタリア・オペラ、宮廷歌謡、宮廷バレエ、コメディ・バレエという四つの要素の統合としてとらえることができる。イタリア・オペラは到達目標としてのオペラの全体的なイメージをあたえ、宮廷歌謡はフランス語の詩に音楽をつける方法を教え、宮廷バレエは舞曲の作曲法や組み合わせ方を示し、コメディ・バレエは演劇の中に音楽やバレエを組み込む方法を教えた。これらの要素が統合されることによってフランス語の台本に最初から最後まで一貫して音楽をつけるというフランス・バロック・オペラが成立したのである。

こうして、台本作家キノーと作曲家リュリによる「音楽悲劇」は一六七三年の〈カドミュスとエルミオーヌ〉から始まり、ルイ十四世の命によってほぼ一年に一作のペースで作曲され、一六八六年の〈アルミード〉に至るまで十三曲を数える。これらの作品はフランス・バロック・オペラの手本となって次の世代に大きな影響を与えた。

バロック・オペラは、ギリシア・ローマ神話や文芸作品などを題材としている。これらの題材についての知識はオペラを鑑賞するために必要不可欠である。しかし、たとえば、ギリシア・ローマ神話それ自体を最初から読んでみてもあまり頭に残らない。神話の中の神々のイメージが、現実を理解する、又は、理解させるための枠組みとしてどのように使われているのかを知ると面白くなってくる。ルイ十四世は、建国者としてはカドミュス、芸術奨励者としてはアポロン、武力に長け戦争に勝利するものとしてはアルシード（ヘラクレス）、世界征服者としてはルノーである。浮気者の夫はジュピテル（ゼウス［ギ］）であり、嫉妬深い妻はジュノン（ヘラ［ギ］）である。欲望肯定型の長、バッコスの従者である半獣神たちはニンフたちを追いかけ、欲望否定型の長、ディアナの従者であるニンフたちは半獣神から逃げ回る。魔女のシベールやアルミードは単に魔術のできる女性というだけではなく、激しい恋情に翻弄されている女性なのである。

絵画は物語として描かれた神々や人物を具体的な視覚的イメージとして表現する。これらのイメージはオペラを解釈し、理解するうえでも大いに参考になる。たとえば、私にとって、プッサンの絵画〈ルノーとアルミード〉ほど、オペラ〈アルミード〉の解釈を助けてくれたものはない。この絵画は、キノーとリュリの〈アルミード〉の中でも後世に語り継がれ、論争の的にもなった名場面、第二幕第五場の視覚表現である。川の中州の木陰で眠る魅力的な男性ルノー、それを刺そうとしている美しい女性アルミードは胸を露わにし、右手に剣をもち、左手はルノーの右手に触れている。剣をもったアルミードの右手をしっかり握って引き止めるアムール（キューピッド［英］）がいる。これらは、アルミードの物語の本質をみごとに表している。

フランスの印象派の絵画はこれまでよく紹介されてきた。しかし、それ以外の絵画についてはようやく最近になって関心も高まり、展覧会も開かれるようになってきた状況である。それゆえ、十七世紀からのフランス絵画史の流れの一端を示したいと思い、プッサン以外にも十七世紀のボージャン、十八世紀ロココの創始者ヴァトー、次の世紀十九世紀の静物画、風俗画の先駆者シャルダン、十九世紀の物語画の画家モローなどにも言及した。

最終章では、楕円のイメージを導きの糸としてバロック芸術の特徴を考えた。バロックという言葉の語源とされる宝石用語は円形ではなく歪んだ楕円形の真珠を表す。楕円のイメージから生じるのは二極の対比から生まれる力動性である。この力動性を示す特徴として、通奏低音書法、協和音と不協和音の対比、アレゴリー表現、感情表現における撞着語法や対立する感情の間を揺れ動く心の表現などを考察した。

一九八七年にリュリの没後三百年を記念して〈アティス〉が上演されてから、リュリの作品に対する関心が高まった。作曲当時の楽器、音律、装飾法などの演奏様式を考慮する、いわゆる「古楽ブーム」とも重なって、リュリの作品の初演当時の再現を目指す上演もおこなわれ、CDやDVDも制作されている。本書がこのような関心の高まりに応える一助となれば幸いである。古楽の理念に基づいて制作された、〈町人貴族〉と〈カドミュスとエルミオーヌ〉のDVDの音楽総監督であるヴァンサン・デュメストルの言葉を再度引用して筆を置くことにしたい。「古楽の再解釈は一つの現代芸術として新たな創造へとつながるものである」。

あとがき

春秋社の林直樹さんから本書執筆のお誘いを受けたのは、二〇二二年の春であったと思う。どのような内容が良いかご相談したところ、「ヴェルサイユ」というキーワードが出てきた。ちょうど、多摩美術大学大学院の共通教育（一般教養）の講義でルイ十四世時代のオペラをテーマとしていたので、本書はその講義内容を母体としている。

本書の特徴の一つは、絵画の話が多いことであろう。最初は美大の学生さんたちの興味・関心を高めたいと思って、オペラに関係する絵画の例を探した。そうするうちに、美大の学生さんに限らず一般の人々にとって、絵画はオペラや神話の世界をより身近なものとするために大いに役立つことがわかってきた。それから、オペラや神話に関係するテーマの絵画を探しては楽しむようになった。最近ではインターネットという便利な道具がある。「Web Gallery of Art」というサイトはとても便利である。

十九世紀までの絵画を集めてある。検索（Search）項目の「Text」の欄に、たとえば、「Armida」と入れて検索すると、「アルミーダ」に関わる絵画を見ることができる。

もう一つの特徴はギリシア・ローマ神話について多く語ったことである。脱線をいとわず連想の赴くままに述べた。ギリシア・ローマ神話の知識は、オペラに限らずヨーロッパの芸術表現を鑑賞するうえで重要であると思ったからである。神話をわかりやすく語ることは、思った以上に大変な作業であったが、必要不可欠なことであったと思う。バロック・オペラにおいては、ギリシア・ローマ神話の神々が受肉して登場し、現実理解の枠組みを提供している。本書で語ることのできた部分は、壮大なギリシア・ローマ神話の世界のごく一部に過ぎないが、これをきっかけに、神話の世界への扉を開いていただければ幸いである。

本書の母体となった講義をする機会を与えてくれた多摩美術大学、講義を熱心に聴いてくれた学生さんたちに心からお礼を申し上げる。また、多摩美術大学在職中にご一緒に仕事をさせていただいた先生方にも感謝を記したい。多くのことを学ばせていただいた。

林直樹さんを私に紹介してくださったのは、ニーチェ研究の五郎丸仁美先生である。五郎丸先生には多摩美術大学に教えに来ていただいていて、毎週講師控室でお会いしていた。フォーレ研究をしている学生さんを紹介してくださるということで、林さんと出会うことができた。そのご、林さんとは「一橋大学「芸術と社会」研究会」でもご一緒している。この出会いがなければ、この本は存在しなかったであろう。五郎丸先生にはこの本の出版を第一にお知らせしたいと思っている。

林直樹さんをはじめとし、編集を担当してくださった方々には、様々な点のチェックや、わかりにくい所の指摘をしていただき、推敲の最終段階を助けていただいた。心から感謝の意を表したい。

最後に、個人的なことを記すことをお許しいただきたい。私の母は、今年の一月二十六日に百歳の誕生日を迎えた。誕生日には間に合わなかったが、この記念の年に本書を出版することができてとても嬉しく思っている。母は生来の読書好きで、今でもよく本を読んでいる。この本の内容も、ある程度原稿がまとまった段階で母に読んでもらい、感想を尋ねた。「私が読んでも面白かったから、大丈夫よ」という励ましの言葉をもらっている。

最初の計画で、パリオリンピック開催の前までに出版することを目指したいというお話であった。自信はなかったが、どうにか間に合いそうである。

二〇二四年六月吉日　アマリリスが開花した日に

小穴　晶子

神名・人名　各語対応表

年表

参考文献・資料

図版情報

索引

神名・人名　各語対応表

神名

ギリシア語	ラテン語	フランス語	イタリア語	英語
アクタイオン	アクタエオン	アクテオン		
アッティス		アティス		
アテナ（パラス）		パラス		
アドメートス		アドメート		
アフロディーテ	ウェヌス	ヴェニュス	ヴェネレ	ヴィーナス
アポロン	アポロ	アポロン	アポロ	
アムフィトリュオン		アンフィトリオン		
アリスタイオス	アリスタエウス	アリステ	アリステオ	
アルクメネ	アルクメナ	アルクメヌ		
アルケスティス		アルセスト		
アルテミス（セレネ）	ディアナ	ディアーヌ	ディアナ	
アレス	マルス	マルス		
	ウェルトゥムヌス	ヴェルテュムヌ		
エウリュディケ	エウリュディケ	ウリディース	エウリディーチェ	
エウロペ	エウロパ	エウロープ		
エロス	アモル（クピド）	アムール	アモレ	キューピッド
エンデュミオン		アンディミオン	エンディミオーネ	
オルフェウス	オルフェウス	オルフェ	オルフェオ	
オイディプス		エディープ		
カッサンドラ	カッサンドラ	カサンドル		
カドモス		カドミュス		
カリスト				
キュベレ		シベール		
ケパロス	セファルス	セファル		
サガリティス		サンガリード		
サンガリオス		サンガール		
シュリンクス		シランクス		
ゼウス	ユピテル	ジュピテル	ジョーヴェ	
ディオニュソス（バッコス）	バックス	バッキュス	バッコ	バッカス
ハデス（プルトン）	プルート	プリュトン	プルトーネ	

神名（続き）

ギリシア語	ラテン語	フランス語	イタリア語	英語
ハルモニア		エルミオーヌ		
パン（サテュロス）	ファウヌス	フォーヌ		
ヒュメナイオス（ヒュメン）		イメン		
ペルセポネ	プロセルピナ	プロセルピーヌ	プロセルピナ	
ヘルメス	メルクリウス	メルキュール	メルクリオ	
ペレウス		ペレ		
ヘラ	ユノ	ジュノン	ジュノーネ	
ヘラクレス		アルシード、エルキュール		
	ポモナ	ポモーヌ		
ムーサ		ミューズ		
レト	ラトナ			
	ポモナ	ポモーヌ		

人名

ギリシア語	ラテン語	フランス語	イタリア語	英語
		アルシーヌ	アルチーナ	
		アルミード	アルミーダ	
		メリッス	メリッサ	
		ユバルド	ウバルド	
		ルノー	リナルド	
		ロジェ	ルッジェーロ	

年表

西暦	ルイ14世とフランス政治関連	リュリと音楽史関連	その他
1632		リュリ生（11.29）	ランベール22歳 大姫君5歳 モリエール10歳 ペロー4歳
1635			キノー生（6.3）
1636			ボワロー生
1638	ルイ14世生（9.5）	モンテヴェルディ〈マドリガーレ集第8巻〉	プッサン〈アルカディアの牧人たち〉（～39）
1639			ラシーヌ生
1642		モンテヴェルディ〈ポッペアの戴冠〉	
1643	ルイ13世没、ルイ14世即位、マザランが宰相に就任（5.14）	モンテヴェルディ没	
1646		フランスに来る（3.15）	
1647		ルイージ・ロッシの〈オルフェオ〉（オペラ）（3.2）	
1648	フロンドの乱勃発（8.28）		
			プッサン〈オルフェウスとエウリュディケのいる風景〉（～51頃）
1651		〈カサンドルのバレエ〉（宮廷バレエ）（2.26） 〈バッキュスの祭りのバレエ〉（宮廷バレエ）（5.2）	
1652	フロンドの乱終息 大姫君の追放（10.21）	大姫君のもとを去りパリへ（12月）	
1653		〈夜のバレエ〉（宮廷バレエ）（2.23）	
1660	スペイン王女マリー・テレーズと結婚（6.9）		
1661	マザラン没（3.9）、ルイ14世の親政始まる フーケの祝祭（8.17） 汚職のかどでフーケ逮捕（9.5） コルベール、権力掌握 ヴェルサイユに新宮殿の建造開始	〈はた迷惑な人々〉（コメディ・バレエの誕生、リュリとモリエールの共作開始）（8.17）	
1662		ミシェル・ランベールの娘と結婚（7.24）	

西暦	ルイ14世とフランス政治関連	リュリと音楽史関連	その他
1663			ボージャン没
1664		〈強制結婚〉（コメディ・バレエ）リュリが本格的に作曲を担当（1.29） 〈魔法の島の喜び〉（ヴェルサイユでの祝祭）（5.7～）	
1665	コルベール、財務総監に就任、重商主義政策を進める（11月）		モリエール〈ドン・ジュアン〉（2.15） プッサン没（11.19）
1669		ペランが「オペラ・アカデミー」設立の許可を得る（6.28）	ラシーヌ〈ブリタニキュス〉（12.13）
1670	ドーヴァーの密約（5.22）	〈素晴らしき恋人たち〉（コメディ・バレエ）（2.7） 〈町人貴族〉（コメディ・バレエ）（10.14）	
1671			カンベール〈ポモーヌ〉（音楽牧歌劇）（3.3）
1672	フランスがオランダに宣戦布告（4.6）（～1678）	リュリが「王立音楽アカデミー」設立の許可を得る（3.13）	
1673		〈カドミュスとエルミオーヌ〉（音楽悲劇）（4.27） モリエール没（2.17）	
1674		〈アルセスト、又は、アルシードの勝利〉（音楽悲劇）（1.9）	
1676		〈アティス〉（音楽悲劇）（1.10）	
1680	フーケ没（3.23）		
1683	コルベール没（9.6） マリー・テレーズ没（10.19）		
1685	ナントの勅令の廃止		
1686		〈アルミード〉（音楽悲劇）（2.15）	
1687		リュリ没（3.22）	
1682	宮廷をパリからヴェルサイユに移す		
1699			ラシーヌ没
1701	スペイン継承戦争（～1714）		
1703			ペロー没
1715			ボワロー没
1715	ルイ14世没（9.1）		

参考文献・資料

Beaussant, Philippe. 1992. *Lully ou musician du Soleil*. Gallimard.

Beneserade, Isaac de. 1997. *Ballets pour Louis XIV*, Tome I, II, présentés et annotés par Marie-Claude Canova-Green, Société de Littérature Classiques, Toulouse.

Christou, Marie-Françoise. 1987. *Le ballet de cour au XVIIe siècle,* Genève, Minkoff.

Christou, Marie-Françoise. 2005 [1967]. *Le ballet de cour de Loius XIV(1643-1672), Mises en scene.* Éditions A. et Picard, Paris.

Couvreur, Manuel. 1992. *Jean-Baptiste Lully*. Marc Vokar Editeur.

D'Arvieux, Laurent. 1739. *Mémoires*. C.-J.-B. Delespine, Paris.
https://gallica.bnf.fr/ark:/12148/bpt6k61867x/f163.item

Dictionnaire de l'Académie française, 1re édition, 1694, « Baroque ».
https://www.dictionnaire-academie.fr/article/A1B0061

Dictionnaire de l'Académie française, 3e édition, 1740, « Baroque ».
https://www.dictionnaire-academie.fr/article/A3B0183

Furetière, Antoine. 1690. « Baroque », In *Dictionnaire universel*, A. et R. LeersA. et R. Leers (La Haye).
https://gallica.bnf.fr/ark:/12148/bpt6k50614b/f196.item

Gissey, Henri de. et Isaac de Benserade, 1651. *Ballet du Roy aux festes de Bacchus*, dansé par Sa Majesté au Palais Royal, le 2e jour de May 1651, R. Ballard.

Gissey, Henri de, 1653. *Costumes du Ballet intitulé : « La Nuit », représenté à la Cour en 1653, dans lequel Louis XIV figura habillé en soleil*

Isherwood, Robert M. 1973. *Music in the Service of the King*, Ithaca and London, Cornell University Press.

Lesure, François. 1988. *L'opéra classique français, XVIIe et XVIIIe siècles*, Editions Minkoff

Koana Akiko. 2005. "Le ballet de cour et Louis XIV," *Horizons philosophiques*, Automne, 2005, vol.16 No 1, Collège Édouard-Montpetit, pp. 101–111

Molière. 1979. *Œuvres complètes* 4. Garnier-Flammarion, Paris.

Monteverdi, Claudio. 1638. *Madrigali Guerrieri e Amorosi*, libro VIII.
https://imslp.org/wiki/Madrigals,_Book_8,_SV_146–167_(Monteverdi,_Claudio)

Monteverdi, Claudio. 2001. *Correspondance*, prefaces et épîtres dédicatoires, traduction par annonciade russo, introduction et notes par Jean-Philippe Navarre, Margada, Hayen (Belgique).

Perrault, Charles. 1674. *Critique de l'opéra, ou Examen de la tragédie intitulée Alceste, ou le Triomphe d'Alcide*. Chez Claude Barbin, Paris.
https://gallica.bnf.fr/ark:/12148/bpt6k108210b

Perrault, Charles. 1909. *Memoires de ma vie*, H. Laurens, Paris.
https://gallica.bnf.fr/ark:/12148/bpt6k1020573/f143.item.texteImage
Prunières, Henry. 1929 [1978]. *La vie illusutre et libertine de Jean-Baptiste Lully*. Plon, Paris [AMS reprint: 1978].
Prunières, Henry 1966. *Les Comédie-Ballet*, Tome III. Broude Brothers, N. Y.
Rameau, Jean-Philippe. 1737 ca. [1754]. *Castor et Pollux,* RCT 32.
https://imslp.org/wiki/Castor_et_Pollux,_RCT_32_(Rameau,_Jean-Philippe)
Rameau, Jean-Philippe. 1754. *Observations sur notre instinct pour la musique, et sur son principe,* Prault, Paris.
https://imslp.org/wiki/Observations_sur_notre_instinct_pour_la_musique,_et_sur_son_principe_(Rameau,_Jean-Philippe)
Rousseau, Jean-Jacques. 1767. « Baroque », In *Dictionnaire de Musique,* Paris : Chez la veuve Duchesne ...
https://archive.org/details/dictionnairedem00rous/page/40/mode/2up
Rousseau, Jean-Jacques. 1979. *Lettre sur la musique française, Ecrits sur la musique,* Stock/Musique.

芥川也寸志（1971）『音楽の基礎』岩波新書
アポロドーロス（1953）『ギリシア神話』高津春繁訳、岩波文庫 [Bib]
アリストテレス（1997）『詩学』松本仁助、岡道男訳、岩波文庫
磯山雅（1989）『バロック音楽　豊かなる生のドラマ』日本放送出版協会
今谷和徳（1986）『バロックの社会と音楽（上）、イタリア・フランス編』音楽之友社
岩宮眞一郎（2009）『CD でわかる音楽の科学』ナツメ社
オウィディウス（1981）『変身物語』上巻、中村善也訳、岩波文庫 [Met I]
オウィディウス（1984）『変身物語』下巻、中村善也訳、岩波文庫 [Met II]
オウィディウス（1994）『祭暦』（叢書アレクサンドリア図書館　第一巻）高橋宏幸訳、国文社
ウェルギリウス（2004）『農耕詩』小川正廣訳、西洋古典叢書
ヴェルフリン、ハインリッヒ（1993）『ルネッンスとバロック　イタリアにおけるバロック様式の成立と本質に関する研究』上松裕二訳、中央公論美術出版
ヴェルフリン、ハインリヒ（2000）『美術史の基礎概念』海津忠雄訳　慶応義塾大学出版会
エウリピデス（1986）『ギリシア悲劇III　エウリピデス（上）』呉茂一訳、ちくま文庫
小穴晶子 (1998)「ルイ十四世と宮廷バレエ」、『音楽の宇宙』、音楽之友社、pp. 150–158
小穴晶子 (2007)「好きは嫌いで、嫌いは好き、 フランス・バロック・オペラの傑作〈アルミード〉」『バロックの魅力』小穴晶子編、東信堂、pp. 41–70
小穴晶子 (1988)「新生」のテーマ、 J.-B. リュリのオペラ「アルセスト」における、中森義宗・坂井昭宏編、『美と新生』、pp. 130–152
『古事記』(1963) 倉野憲司校注、岩波文庫

ザックス、クルト（1981）「バロック音楽の概念　美術と音楽をめぐって」『音楽の手帖　バロック音楽』樋口隆一訳、青土社
澤田肇（2013）『フランス・オペラの魅惑』上智大学出版
白石嘉治（1991）「踊る王から見る王へ　ルイ十四世治下におけるオペラ再興の一断面」、『Les Lettres françaises』（11）、pp. 9–17 頁、上智大学フランス語フランス文学紀要編集委員会
ソポクレス（1986）『ギリシャ悲劇II　ソポクレス』松平千秋訳、ちくま文庫
高階秀爾監修・責任編集（1986）『NHK ルーブル美術館VI、フランス芸術の華々、ルイ王朝時代』、日本放送出版協会
高津春繁（1960）『ギリシア・ローマ神話辞典』岩波書店
タッソ、トルクァート（2010）『エルサレム解放』鷲平京子訳、A・ジュリアーニ編、岩波文庫
チャンパイ、アッティラ／ティートマル・ホラント編（1998）『モンテヴェルディ　オルフェオ、グルック　オルフェオとエウリディーチェ』（名作オペラブックス 29）、音楽之友社
戸口幸策（1995）『オペラの誕生』東京書籍
内藤義博（2013）『ルソーとフランス・オペラ』ブイーツソリューション
内藤義博（2017）『フランス・オペラの美学』水声社
日本チェンバロ協会編（2022）『チェンバロ大事典』春秋社
バフチン、ミハイル（1995）『ドストエフスキーの詩学』望月哲男、鈴木淳一訳、ちくま学芸文庫
浜中康子（2001）『栄華のバロック・ダンス』音楽之友社
福井憲彦編（2001）、『フランス史』山川出版社、
フラウィウス、ヨセフス（1999）『ユダヤ古代誌』第 6 巻、秦剛平訳、ちくま学芸文庫
ベンヤミン、ヴァルター（1995）『ベンヤミン・コレクションⅠ　近代の意味』浅井健二郎、久保哲司翻訳、ちくま学芸文庫
ボーサン、フィリップ（1986）『ヴェルサイユの詩学』藤井康生訳、平凡社
紫式部（1965）『源氏物語』（一）岩波文庫
村山則子（2014）『ペローとラシーヌの「アルセスト論争」』作品社
モリエール（1955）『町人貴族』鈴木力衛訳、岩波文庫
モリエール（2000）〈はた迷惑な人たち〉『モリエール全集』第 3 巻、秋山伸子訳、臨戦書店
モリエール（2000）〈エリード姫〉「ドン・ジュアン」『モリエール全集』第 4 巻、秋山伸子訳、臨戦書店
モリエール（2000）「アンフィトリオン」『モリエール全集』第 6 巻、秋山伸子訳、臨戦書店
モリエール（2000）〈豪勢な恋人たち〉〈町人貴族〉『モリエール全集』第 8 巻、秋山伸子訳、臨戦書店

モリーナ、ティルソ・デ（2014）『セビーリアの色事師と石の客　他一篇』佐竹謙一訳、岩波文庫
諸川春樹（2021）インタビュー「ギリシャ・ローマ神話——美術と音楽を巡って」聞き手：小穴晶子、「日本チェンバロ協会年報」2021、第5号、pp.10–25
吉野裕子（1995）『ダルマの民俗学——陰陽五行から解く』岩波新書
李白（1978）『李白全詩集』第3巻、久保天隋訳註、日本図書センター

楽譜

Beauchamp, Pierre. 1681. *Ballet des fâcheux*, Versailles: André Danican Philidor.
https://imslp.org/wiki/Ballet_des_fâcheux_(Beauchamp,_Pierre)
Lambert, Michel. 1689. *Airs à une, II. III. et IV. parties avec la basse-continue,* IML 5.
Lambert, Michel. 1710. *Airs de Monsieur Lambert, non Imprimez. 75 simples, 50 doubles*.
https://gallica.bnf.fr/ark:/12148/btv1b52512779x/f35.item
Lully, Jean-Baptiste.（全般）
https://imslp.org/wiki/Category:Lully,_Jean-Baptiste
Monteverdi, Claudio. 1605. *Madrigals*, Book 5, SV 94–106.
https://imslp.org/wiki/Madrigals,_Book_5,_SV_94–106_(Monteverdi,_Claudio)
Monteverdi, Claudio. 1605. *Madrigals*, Book 8, SV 146–167.
https://imslp.org/wiki/Madrigals,_Book_8,_SV_146–167_(Monteverdi,_Claudio)

CD

Lully, Jean-Baptiste. 1975. *Alceste*, La Grande Écurie et la Chambre du Roi, Direction Jean-Claude Malgoire, Astrée E 8527.
Lully, Jean-Baptiste. 1982. *Armide*, Dir. Philippe Herreweghe, HMC 901456.57
Monteverdi, Claudio. 1996. *L'incoronazione Di Poppea*, Gardiner, POCA-1120/2
Rossi, Luigi. 1999. *Orfeo*, les Arts Florissants, William Christie, HMC901358.60

LP

Charpentier, Marc Antoine. 1982. *Les Arts Florrissants*, William Christie, Les arts Florissant, HM1083.

DVD

Lully, Jean-Baptiste. 2008. *Le Bourgeois Gentilhomme*, Le Poème Harmonique, Alpha 700
Lully, Jean-Baptiste. 2008. *Cadmus & Hrmione*, Le Poème Harmonique, Alpha 701
Lully, Jean-Baptiste. 2011. *Atys*, William Christie, FraMusica (Blu-ray: Naxos, NBD0132V, 2021, 日本語字幕付き）

Lully, Jean-Baptiste. 2011. *Armide*, William Christie, FraMusica
Monteverdi, Claudio. 2002. *L'Orfeo*, Jordi Savall, Barcelona Liceu Opera
Monteverdi, Claudio. 2008. *L'Orfeo*, Nicolaus Harnoncourt, Concentus Musicus Wien

図版情報

1-1, 口絵 6: Nicolas Poussin. c. 1650. *Orphée et Eurydice*, oil on canvas, 124*200 cm, Louvre Museum.

1-2: Camille Corot. 1861. *Orphée ramenant Eurydice des enfers*, oil on canvas, 112.3*137.1 cm, Museum of Fine Arts, Houston

1-3: Gustave Moreau. 1865. *Orphée*, oil on panel, 154*99.5 cm, Musée d'Orsay

1-4: Gustave Moreau. 1864. *Œdipe et le Sphinx*, oil on canvas, 206.4*104.8 cm, Metropolitan Museum of Art

1-5: Titian. 1556–1559. *Diana e Atteone*, oil on canvas, 184.5*202.2 cm, Scottish National Gallery

1-6: Henri de Gissey. 1651. F.45. Entré IV, Filou traineur d'épéee, dessin, In Gissey (1651)
Source gallica.bnf.fr / Bibliothèque nationale de France

1-7: Henri de Gissey. 1651. F.51. Entré VIII, Devin et poëtes, dessin, In Gissey (1651)
Source gallica.bnf.fr / Bibliothèque nationale de France

1-8: Henri de Gissey. 1651. F.88. Entré XXII, Homme de glace, dessin, In Gissey (1651)
Source gallica.bnf.fr / Bibliothèque nationale de France

1-9: Costumes « une Heure », Ballet Royal de la Nuit, 1653, In Beaussant (1992), PL.2

1-10: Costumes « un des Jeux », Ballet Royal de la Nuit, 1653, In Beaussant (1992), p.109, 19

1-11: Costumes « un ardent », Ballet Royal de la Nuit, 1653, In Beaussant (1992), PL.4

1-12: Henri de Gissey. 1653. Louis XIV dans Le Ballet de la nuit, dessin, 27.2*17.8 cm, In Gissey (1653)
Source gallica.bnf.fr / Bibliothèque nationale de France

2-1: Nicolas Fouché. c. 1700. *Pomona*, color on canvas, 147.5*114.5 cm, Museum of Fine Arts, Budapest

2-2: Francesco Melzi. c. 1518–1522. *Vertumnus Und Pomona,* oil on poplar wood, 186*135.5 cm, Gemäldegalerie

2-3: Simon Vouet. c. 1640. *The Rape of Europa*, oil on canvas, 179*142 cm, Thyssen-Bornemisza Museum

2-4: École de Fontainebleau. 1525–1550. *Diane et Actéon*,

2-5: Pierre Peyron. 1785. *Alceste mourante,* oil on canvas, 327*325 cm, Louvre Museum

2-6: Angelica Kauffmann. 1790. *Death of Alcestis,* painting, Vorarlberg museum

2-7: Antoine Watteau. 1717. *Pélerinage à l'île de Cythère, dit L'Embarquement pour Cythère*, oil on canvas, 120*190 cm, Louvre Museum

2-8: Donatello. 1436–1438. *Amor Attis*, 104 cm, Bargello National Museum

2-9: *Tête d'Athéna portant un casque attique*, restaurée par erreur en Attis portant le bonnet phrygien. Marbre de Luna, œuvre romaine d'après des modèles grecs classiques, règne d'Hadrien.
Collection, Museo nazionale romano di palazzo Altemps

2-10: Jacopo Zucchi. 1575. *L'assemblée des dieux*, oil on copper, 31*22 cm, Private collection

2-11, 口絵 7: Nicolas Poussin. 1629. *Renaud et Armide*, oil on canvas, 80*107 cm, Dulwich Picture Gallery

2-12: Nicolas Poussin. 1650. *Autoportrait,* oil on canvas, 98*74 cm, Louvre Museum

2-13: Nicolas Poussin. 1628. *Les Bergers d'Arcadie* (*Et in Arcadia ego*), oil on canvas, 85*121 cm, Louvre Museum

2-14: Nicolas Poussin. 1634–1636. *La Danse de la vie humaine*, oil on canvas, 82.5*104 cm, The Wallace Collection

2-15: Nicolas Poussin. 1629. *Echo et Narcisse*, oil on canvas, 74*100 cm, Louvre Museum

2-16: Nicolas Poussin. 1631. *L'Empire de Flore*, oil on canvas, 131*181 cm, Gemäldegalerie Alte Meister, Dresden

2-17: Charles de Wailly. 1760. Scénographie pour opéra *Armide*, In Lesure (1988), p. 68, Planche 51

2-18: Unknown artist. 1764. Costume of hatred, from the opera *Armide*, In Lesure (1988), p. 96, Planche 76

2-19: Jean Bérain. 1689. *Armide portada libreto.*

2-20: Gabriel de Saint-Aubin. 1761. *Quinault and Lully's opera Armide Performed at the Palais-Royal Opera House*, Boston Museum of Fine Arts.

3-1: Quadratura or trompe-l'œil ceiling « Triumph of the Name of Jesus » (1678-1679) of the Church of the Jesu, Rome, by Giovanni Battista Gaulli
https://commons.wikimedia.org/wiki/File:G.B.Gaulli-Triumph_of_the_Name_of_Jesus.jpg

3-2: Balthasar van der Ast. 1625. *Still life of variegated tulips in a ceramic vase, with a wasp, a dragonfly, a butterfly and a lizard*, oil on oak wood, 40.8*27.6 cm, Private collection

3-3: Lubin Baugin. mid 17th century. *Nature morte à l'échiquier, dite aussi Les Cinq sens,* color on wood, 55*73 cm, Louvre Museum

3-4: Lubin Baugin. mid 17th century. *Il dessert di cialdem*, 40*52 cm, Louvre Museum

3-5: Siméon Chardin. c. 1760–1763. *Bouquet*, oil on canvas, 44*36 cm, Scottish National Gallery

はじめに： Paul Mignard. 17th century. *Jean-Baptiste Lully*, secretaire du roy et surintendant de sa musique (1633-1687), etching print and burin, 56.2*40.3 cm, Palace of Versailles

第 1 章扉 , 口絵 4: Pierre Patel. 1668. *Le Château de Versailles en 1668*, oil on canvas, 115*161 cm, Musée de l'Histoire de France

第 2 章扉 : Gérard Scotin (graveur). 1700. Scene from act II, engraving from a score
Source gallica.bnf.fr / Bibliothèque nationale de France

第 3 章扉 : Siméon Chardin. c. 1760–1763. *Bouquet*, oil on canvas, 44*36 cm, Scottish National Gallery

口絵 1: Henri de Gissey. 1654?. *Louis XIV in the guise of Apollo*. 30.4*22.5 cm (sheet of paper), Royal Collection Trust

口絵 2: *Le Roi Soleil en costume de théatre ; Louis XIV au carrousel*, 1654?, still image, 16*17 cm, The New York Public Library Digital Collection

口絵 3: Henri de Gissey. 1651. F.99. Entré VII, Titan et F.99. Entré XXX, MuseDevin, dessin, In Gissey (1651)

Source gallica.bnf.fr / Bibliothèque nationale de France

口絵 5: Israël Silvestre. 1673. *Théatre fait dans la mesme allée sur lequel la Comédie et le Ballet de La Princesse d'Élide furent représentez*, Engraving coloured by hand, 33.5*32 cm, Victoria and Albert Museum, London, Cyril W. Beaumont Bequest

特記のない図版はすべてパブリック・ドメイン

索引

〈凡例〉

・「→」は他項目を参照、「⇒」は他項目も参照を示す

・節や見出しで扱われている箇所を太字で示している

ア

イ

ウ

エ

オ

カ

キ

ク

ケ

コ

サ

シ

ス

セ

ソ

タ

ツ

テ

ト

ナ

ニ

ハ

ヒ

フ

ヘ

ホ

マ

ミ

ム

メ

モ

ヤ

ユ

ヨ

ラ

リ

ル

レ

ロ

ワ

著者紹介

小穴　晶子

Koana Akiko

1951年東京に生まれる。1977年東京大学文学部（美学藝術学専攻）卒業。1984年同大学院博士課程単位取得退学。1989年～92年東京大学美学藝術学研究室助手。1993年多摩美術大学専任講師。1999年同大学教授となる。現在、多摩美術大学名誉教授。専門は17～18世紀フランスの音楽美学。著書に『なぜ人は美を求めるのか』（ナカニシヤ出版、2008年）、編著に『バロックの魅力』（東信堂、2007年）、共著に『新モーツァルティアーナ』（音楽之友社、2011年）、『モーツァルティアーナ』（東京書籍、2001年）、『精神と音楽の交響』（音楽之友社、1997年）、『西洋美学のエッセンス 新装版』（ぺりかん社、1994年）など多数。翻訳にシルヴィ・ブイスー『バロック音楽を読み解く252のキーワード』（音楽之友社、2012年）、オースティン・ナイランド『パイプオルガンを知る本』（共訳、音楽之友社、1988年）など。美学会、日本音楽学会、日本18世紀学会に所属。

ヴェルサイユの祝祭
太陽王のバレエとオペラ

2024年7月20日　初版第1刷発行

著者
小穴　晶子

発行者
小林　公二

発行所
株式会社　春秋社
〒101-0021 東京都千代田区外神田2-18-6
電話　03-3255-9611（営業）
　　　03-3255-9614（編集）
振替　00180-6-24861
https://www.shunjusha.co.jp/

印刷・製本
萩原印刷　株式会社

譜例浄書
株式会社　クラフトーン

装幀
伊藤　滋章

ISBN 978-4-393-93050-2

定価はカバー等に表示してあります

今谷和徳・井上さつき［著］

フランス音楽史

中世・ルネサンスの聖歌や世俗音楽、ブルボン王朝の宮廷音楽、そして近現代の音楽へ。変貌し続ける人間と音楽の歴史を描く。フランス音楽史の全貌がこの一冊に。
〈新装版〉 **5500円**

三ヶ尻正［著］

ヘンデルが駆け抜けた時代

政治・外交・音楽ビジネス

バッハと同じ年に似たようなドイツの地方都市に生まれながら，権謀術数渦巻く欧州を渡り歩き，オペラ・オラトリオで国際的成功を収めた音楽家ヘンデルの実像を描き出す。 **2310円**

チャールズ・バーニー［著］ 今井民子・森田義之［訳］

チャールズ・バーニー音楽見聞録

〈フランス・イタリア篇〉

1770年にパリ，ミラノ，ヴェネツィア，フィレンツェ，ローマ，ナポリ等を巡り各地に息づく音楽とそのルーツを尋ねた英国人の旅行記。啓蒙時代のフィールドワークの結晶。 **8800円**

マルク・ミンコフスキ［著］ アントワーヌ・ブレ［編］
岡本和子［訳］ 森浩一［日本版監修］

マルク・ミンコフスキ

ある指揮者の告解

バロックからロマン派まで、あらゆるレパートリーを手がける指揮者ミンコフスキが、生い立ちや音楽家としての歩みを語る。特別インタビューやディスコグラフィなども充実。 **3300円**

日本チェンバロ協会［編］

チェンバロ大事典

歴史的な鍵盤楽器をとことん知るための一冊。作曲家や楽器製作者・メーカーの歴史に加え，演奏法や運指，調律，メンテナンスなど，実践で役立つ情報も満載。
5500円

津上英輔［著］

美学の練習

なぜ人は美・芸術に惹かれるのか。過去の学説や標準的理論を通してではなく，読者に自ら美と芸術について思索することを促し，人生を豊かにする手がかりとなることを目指す。 **2860円**

価格は税込（10%）